감사가 뭉클뭉클

박세환 지음

FOREST
WHALE

목차

동화를 시작하며 _10

1장.
잠잘 때는 천사, 잠 깨면 떼쟁이

바람개비 친구 선풍기 _14
이게 왜 하늘색이에요? _18
엄마 다리에 가시가 있어요 _22
감기가 뭐라고 _26
너무 더워요 _30
쌍둥이 오리 형제들 _34
그냥 너라서 좋은 거야 _38
나무에 혹이 났어요. _42

2장.
입이 씰룩씰룩, 몸이 들썩들썩

쉬었다 자는 아이 _48

1분의 감사 _52

이걸로 뭐 살 수 있어요? _56

따뜻한 수영장 _60

빛나는 꼬마 주전자 _64

앵무새 부부, 소망이와 희망이 _68

풍선껌을 불어요 _72

양치질 금지 _77

3장.

언제 크나 싶더니 별말을 다하네

아이스크림 친구들 _84

따라쟁이 _88

손맛을 느끼고 싶은 아이 _91

내 이름이 보고 싶어요!! _95

도형을 품은 가로수 _99

신호등 괴물 _102

다람이의 고민 _106

솜사탕이 먹고 싶어요 _110

4장.
존재만으로도 감사해

아기토끼랑 약속했어요 _116

돌들의 전쟁 _120

이빨이 울어요. _124

내 말 좀 들어달라고요!! _128

생각 주머니 _132

받아쓰기 꼴찌에서 일등까지 _136

앞이 안 보여요 _140

마법 상자 _144

5장.

사랑해. 사랑해. 너를 사랑해.

이 좋은 곳을 왜 이제 데려왔어요. _150

ㄱ + ㄴ ? _154

솔방울과 도넛 _157

꼬마 단풍잎의 소풍 _160

이건 어른들 거야!! _164

지구가 독감에 걸렸어요 _168

공원 마녀의 머리카락 _172

생명이 자라났어요 _176

6장.
너와 나의 추억

응가 닭기가 무서워요 _182

아무 말 대잔치 _186

하트 모양 달고나 _189

새소리를 찾아서 _193

비누공주 _197

계란 안의 병아리 씨앗 _201

난 겁쟁이가 아냐!! _205

콧구멍에 먼지가 가득해요 _209

7장.
일상의 행복

내 머릿속의 동물원 _216

혼자 자는 것이 무서워요 _220

너는 어떤 집에서 살고 싶니? _224

사람들이 시끄러워요 _228

엄마의 거짓말 _232

초콜릿 붕어빵 _236

아빠 배는 내 배 _240

더 좋은 선물 _244

8장.

함께라서 기쁨이

나랑 놀아줘 _250

알까기의 세계 _254

신나게 달려요 _258

어디세요? _262

내 방이 갖고 싶어요 _266

수영장의 기억 _270

혼자서도 잘해요 _274

장바구니 들던 날 _277

동화를 마시며 _282

동화를 시작하며

우리 집에는 이제 사춘기를 맞이하는 아들이 있어요. 정말 귀엽고 사랑스러운 아이인데, 해가 갈수록 당황스럽게 변해가는 모습을 보고 있어요.

초등학교 저학년 때만 해도 말 잘 들었던 아이는 어디 가고, 이제는 뭐 하라고 하면 10번은 불러야 쳐다봐요. 친구들은 왜 그렇게나 찾는지요. 주말에 가족 모임 정할 때면 시간 되는지 물어봐야 해요. 그래도 사랑스러운 아들임에는 변함없어요. 그래서 이 동화를 쓰게 되었어요.

말 안 듣고 사춘기의 변화가 낯설지만, 귀엽고 순수했던 모습을 생각하며 건강히 자라주는 것에 감사하자.

이것이 이 책의 취지예요. 사춘기 부모들을 위한 동화. 어느새 훌쩍 커버린 자식들이 그립고 아쉽지만, 아이들 어렸을 때를 생각하며 마음에 위로와 평안을 주고 싶었어요.

이 책은 총 64편의 단편 동화로 되어 있어요. 기존 동화 대비 매우 짧아서 읽기 편하죠. 그리고 각 편당 스토리에 해당되는 그림이 포함되어 있어요. 주변 일상을 배경으로 한 그림이라 친숙하면서도 그 분위기에 공감이 갈 거예요.

이 책을 통해 감사할 분들이 많아요. 그중에서도 특히 많은 스토리를 제공한 하준이 하린이에게 감사하며, 함께 아이들 키우며 힘들지만 행복했던 수많은 추억들을 공유한 주희에게도 감사함을 전해요. 그리고 우리 가족을 언제 어디서나 지켜주시는 하나님께 말로 다 표현할 수 없는 감사를 올려요.

1장.

잠잘 때는 천사,
잠 깨면 떼쟁이

바람개비 친구 선풍기

초여름의 어느 날. 잠에서 깬 주환이는 거실에서 재밌는 물건을 보았어요.
"엄마, 거실에 바람개비가 있어."
엄마는 주환이의 말에 속으로 웃음이 나왔어요.
"주환아, 너 바람개비 알아?"
아직 어린이집에 다니는 주환이는 서툰 발음으로 말했어요.
"당연히 알지. 바람 불면 뱅글뱅글 도는 거."
"맞아. 그런데 지금 집안에 바람이 부니?"
엄마의 말에 주환이는 신기한 듯이 눈을 동그랗게 떴어요.
"우와, 어떻게 바람도 없는데 돌지?"
엄마는 이런 주환이가 귀여운지 꼭 안아주었어요.

"이건 바람개비 친구 선풍기야. 전기를 꽂으면 혼자서 돌아."

주환이는 선풍기를 이리저리 바라봤어요.

"아, 바람 대신 전기라는 걸로 도는 거구나. 근데 전기는 뭐야?"

엄마는 순간 당황했어요. 전기를 사용만 해봤지 설명해 본 적은 없었거든요. 그래서 다급한 대로 둘러댔어요.

"전기는 바람의 친구야. 그래서 전기와 바람, 선풍기와 바람개비는 서로 좋은 친구들이야."

이 말에 주환이는 부러운 듯이 선풍기를 만지작거리며 말했어요.

"선풍기야, 너는 좋겠다. 친구들이 많아서. 나도 너랑 친구 하고 싶어."

그 순간 선풍기 목이 아래로 툭 처졌어요. 주환이는 놀랐어요.

"엄마, 선풍기가 알았다고 고개를 끄덕였어. 사람 말도 알아듣나 봐?"

엄마는 주환이에게 '그러게'라고 말하며 머리를 쓰다듬어주었어요. 그리고 속으로 생각했어요.
 '그건 네가 선풍기를 세게 눌러서 고장 난 거야.'

이게 왜 하늘색이에요?

 7살 윤희는 색칠 놀이를 좋아해요. 하얀 종이에 좋아하는 색깔을 칠할 때마다 기분이 좋아져요. 오늘도 유치원에서 친구들과 함께 색칠놀이를 하고 있는데 갑자기 궁금한 것이 생겼어요.
 "선생님, 궁금한 게 있어요."
 옆에 있던 선생님이 윤희를 보고 웃었어요.
 "윤희가 궁금한 게 뭘까? 선생님한테 알려줄래?"
 윤희는 선생님에게 크레파스 하나를 들고 질문했어요.
 "왜 이게 하늘색이에요? 하늘은 검은색도 되고 하얀색도 되잖아요."
 선생님은 무슨 말인지 잘 모르겠다는 듯이 윤희를 쳐다봤어요. 윤희는 다시 물어봤어요.
 "깜깜한 밤에는 검은색이 되고, 뭉게구름이 가득한

날에는 하얀색이 되잖아요."

선생님은 그제야 이해가 된다는 듯이 미소 지으며 윤희의 머리를 쓰다듬었어요.

"윤희가 참 똑똑하고 예리하네. 맞아. 하늘은 여러 가지 색깔을 가지고 있어. 다만, 날씨가 화창한 날에 보면 이 크레파스 색깔처럼 푸른색이잖아. 그래서 사람들이 보기에 하늘이 가장 예쁠 때 보이는 이 색을 하늘색이라고 부르는 거야."

솔직히 선생님도 하늘색에 대해 깊이 생각해 본 적이 없었어요. 그래서 자신이 한 말이 맞는지는 모르지만, 아이들 앞에서 모른 척할 수는 없어서 이렇게 얘기한 거예요.

윤희는 선생님의 말에 고개를 끄덕였어요. 그러면서 잠시 생각하더니 다시 물었어요.

"선생님, 하늘도 좋아할까요? 자신을 저 푸른색이라고 부르는걸요. 어쩌면 하늘은 밤에 편히 쉴 수 있는 검은색이나, 뭉게구름 친구들과 같이 신나게 놀 수 있는 하얀색을 더 좋아할지도 몰라요."

이 말에 선생님은 빙그레 웃었어요.

"윤희가 참 생각이 깊네. 선생님도 미처 그걸 몰랐

어. 솔직히 선생님도 왜 이 푸른색을 하늘색이라고 하는지 잘 모르겠어. 하지만 오늘 윤희 덕분에 중요한 것을 알았네. 하늘은 여러 가지 색깔을 가지고 있다는 것을. 꼭 우리들처럼 말이야."

윤희와 친구들은 무슨 말인지 선생님을 골똘히 쳐다봤어요.

"우리들도 하늘처럼 한 가지 색으로 국한되지 않고 여러 가지 색을 가지고 있단다. 기쁠 때, 슬플 때, 화났을 때. 이게 모두 우리들의 모습이지. 이 중의 하나를 콕 집어서 너의 성격이라고 말할 수 없는 거야."

윤희는 선생님의 말에 활짝 웃으며 크레파스를 한 움큼 들었어요.

"이게 모두 윤희 색이에요. 윤희는 한 가지 색이 아니라 여러 가지 색으로 표현될 수 있어요."

엄마 다리에 가시가 있어요

5살 사랑이가 힘없이 거실 바닥에 누워있어요. 누워서 여기저기 등으로 청소를 하고 다녔지요. 옷은 새카매지고 머리는 식탁 및 소파에 이리저리 부딪혔어요.

"사랑아, 심심해? 엄마가 책 읽어줄까?"

엄마가 말하자 사랑이는 고개를 저었어요. 평소 같았으면 놀아달라며 떼를 쓰고 난리 났을 텐데 오늘은 엄마한테 다가오지도 않아요. 귀찮게 안 해주는 건 고마운데 너무 조용하니 신경이 쓰였지요.

"혹시 오늘 유치원에서 무슨 일 있었니? 친구랑 싸웠어?"

사랑이는 아무 말 없이 등으로 바닥을 쓸었어요. 거실에서 자기 방으로, 자기 방에서 부엌으로, 이 과정을 반복하는 사랑이를 보니 엄마는 정말 궁금했어요. 활달한 성격의 사랑이가 왜 저러나 싶어서요.

그때 초인종이 울렸어요. 아빠가 온 거죠. 사랑이는 현관으로 달려가 아빠에게 안겼어요.

"아빠, 오늘 놀라운 사실 알았어."

아빠는 사랑이를 꼭 끌어안고 물었어요.

"우리 사랑이가 뭘 알았을까?"

사랑이는 아빠에게 귓속말로 소곤소곤 얘기했어요.

"엄마 다리에 가시가 있어."

아빠는 무슨 말인지 모르겠다는 표정으로 엄마를 쳐다봤어요. 엄마도 무슨 영문인지 모른다는 표정이에요. 사랑이는 아빠 팔을 끌고 엄마에게 갔어요. 그리고는 아빠에게 얘기했어요.

"아빠, 여기 봐. 맞지? 엄마 다리에 가시 있는 거."

그건 바로 짧게 돋아난 엄마의 다리털이었어요. 지난번 외출 후 며칠동안 깎지 않아 까칠까칠했어요. 엄마와 아빠는 박장대소를 했지요. 사랑이는 심각한 듯이 아빠에게 얘기했어요.

"오늘 유치원에서 오는 길에 엄마 다리를 잡았어. 근데 엄청 따가운 가시가 돋아있는 거야. 혹시 엄마가 동화책에 나오는 마녀는 아니겠지?"

엄마는 그제야 이해가 됐어요. 유치원 갔다 와서 사

랑이가 엄마에게 오지 않고 뭘 골똘히 생각했는지를요. 엄마는 사랑이를 꼭 안으며 귓속말로 말했어요.

"사랑아, 어른이 되면 알게 돼. 너도 이거 생길 거야."

감기가 뭐라고

 아침에 일어나니 준이는 코가 막혔어요. 화장실로 달려가 코를 푸니 노란 콧물이 주르륵 흘렀어요. 코를 닦고 나오니 기침까지 나오네요. 감기가 왔나 봐요. 준이는 엄마에게 달려갔어요.
 "엄마, 나 감기 걸렸나 봐."
 엄마는 준이의 이마를 만지고 체온계를 준이의 귓구멍에 넣었어요. 다행히 열은 없네요. 엄마는 준이에게 물었어요.
 "준이야, 몸 상태는 어때? 많이 힘드니?"
 준이는 잠시 생각했어요. 코가 막히고 기침하는 것 빼고는 멀쩡했어요.
 "아니, 컨디션은 괜찮아. 다만 코가 막히고 기침이 나올 뿐이야."
 엄마는 준이가 초기 감기 증상이라 생각하고 약을

먹였어요. 그때 동생이 준이에게 다가갔어요. 그러자 엄마가 동생을 막아섰어요.

"형 감기 걸렸어. 가까이 가면 안 돼. 그러다 감기 옮아."

그러고 보니 엄마도 약간 준이와 떨어져 있는 것 같아요. 아마 회사 가야 되는데 감기 옮을까 봐 그런 것이 아닐까 생각돼요. 약간 속상했지만 준이는 그럴 수 있다고 여겼어요.

학교에 간 준이는 쉬는 시간에 평소와 같이 친구들과 와자지껄 떠들었어요. 그런데 계속 기침이 나왔어요. 기침하는 모습을 본 친구들이 준이를 피했어요.

"저리 가, 감기 옮겠어."

준이는 갑자기 서글픔이 확 밀려왔어요. 감기가 뭐라고. 친한 친구들에게서 이런 얘기를 들으니 많이 섭섭하고 슬펐어요. 오늘 아침에 집에서 있었던 일까지 생각났어요. 집에 가면 가족들까지 자기를 피할지도 모른다고 생각하니 더 슬퍼졌어요.

준이는 집 앞 놀이터에 혼자 앉아 이런저런 생각을 했어요.

'엄마가 감기 다 나을 때까지 나를 방에 가둘지도

몰라. 혹시 밥도 방에 따로 넣어주는 거 아냐. TV에서만 보던 상황이 나한테 벌어지는 건가.'

이런 상황을 다 이해하기에는 어린 준이였어요.

집에 도착하니 엄마가 집에 계셨어요. 평소보다 회사에서 빨리 오셨네요. 엄마는 준이를 꼭 안아주며 말했어요.

"준이야, 학교에서 안 힘들었어? 감기 걸렸을 때는 푹 쉬고 잘 먹어야 해."

준이는 엄마의 따뜻한 말 한마디에 눈물을 확 흘렸어요. 그리고 서글펐던 생각들도 다 사라졌지요.

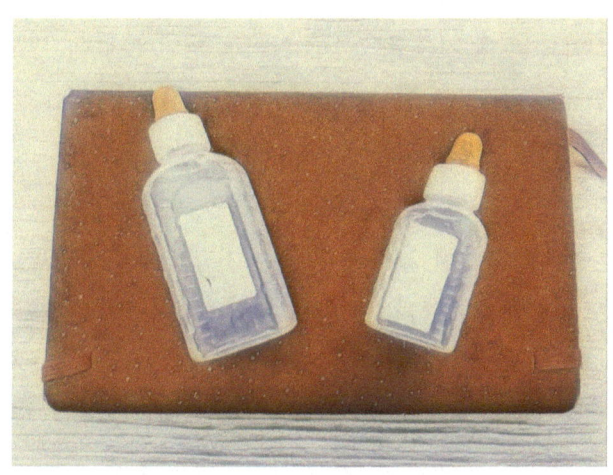

너무 더워요

어느 추운 겨울날, 7살 주환이는 엄마에게 얘기했어요.

"엄마, 너무 더워요. 수면잠옷 벗고 잘게요."

엄마는 주환이를 꼭 안아주며 타일렀어요.

"주환아, 밖이 얼마나 추운데. 지금이야 난방 틀어서 따뜻하지만, 이따 새벽 되면 더 추워질 거야. 그러다 감기 걸려."

그래도 주환이는 덥다고 두꺼운 수면잠옷을 벗으려고 해요. 그런 주환이를 보며 엄마는 속에서 화가 났어요. 왜 이렇게 말을 안 듣는지.

"주환아, 너 저번에도 수면잠옷 벗고 자다가 감기 걸렸지? 지금 당장 덥다고 방심했다가는 너 감기로 고생해. 그리고 너만 고생하냐. 나도 너 병원 데리고 다니느라 고생이지."

주환이는 엄마의 말에도 아랑곳없이 벌써 수면잠옷을 벗었어요. 내복 차림으로 돌아다니는 주환이를 보니 엄마는 벌써부터 머릿속에 뭔가 그려져요. 새벽에 떨면서 자고 있을 주환이가요. 추우면 이불 덮고 자면 되지만 이상하게도 주환이는 이불을 안 덮고 자요. 그래서 겨울철에는 수면잠옷이 필수예요.

"주환아, 좋은 말로 할 때 다시 입어라. 엄마는 책임 못 진다."

그래도 주환이는 내복 차림으로 침대 위에 누웠어요. 그리고 어느샌가 코를 골며 잠들었어요. 엄마는 그런 주환이를 한참 동안 바라보다가 이내 고개를 돌렸어요.

"감기 걸리면 네가 아프지 내가 아프냐."

엄마는 거실로 나가 책을 펼쳤어요. 하지만 페이지가 넘어가지를 못해요. 머릿속에는 자꾸 주환이가 자다가 추우면 어떡하지 하는 걱정이 들었어요. 결국 엄마는 자고 있는 주환이에게 수면잠옷을 입혔어요. 이제 7살이라 어찌나 무거운지 입히느라 끙끙댔어요. 깊이 잠든 주환이는 엄마가 입히든지 말든지 꿈쩍도 안 하고요.

다음 날 아침, 상쾌한 기분으로 잠에서 깬 주환이는 부엌에서 아침을 차리고 있는 엄마에게 갔어요.

"엄마, 내가 뭐랬어. 안 춥다고 했지. 나 어제 따뜻하게 잘 잤어."

자기가 수면잠옷을 입은 줄도 모르고 말하는 주환이에요. 엄마는 주환이를 바라보며 미소 띤 얼굴로 얘기했어요.

"그래, 주환이가 잘 잤다니 엄마는 좋네."

부엌 창문으로 처마에 열려 있는 고드름이 보여요. 간밤의 추위를 말해주듯이요.

쌍둥이 오리 형제들

하얀 눈이 펑펑 내리던 겨울날, 쌍둥이 오리 형제들이 태어났어요. 하얀 옷을 깔끔하게 입은 형제들은 서로를 보며 신기해하였지요. 서로를 쳐다보면 꼭 거울을 보는 것 같았거든요.

"우리 진짜 똑같이 생겼다."

"맞아, 그런데 우리는 어떻게 태어났을까?"

"저기 저 꼬마가 우리를 만들었잖아."

"아, 저기 눈사람 만들고 있는 꼬마."

쌍둥이 오리 형제들은 눈앞의 꼬마를 쳐다보았어요. 꼬마의 얼굴에는 웃음꽃이 피어있었지요. 눈 가지고 노는 것이 즐겁고 재밌나 봐요.

"그런데 저 꼬마는 우리를 왜 만들었을까?"

"글쎄, 잘 모르겠네."

그때 세 번째 오리가 얘기했어요.

"나 아까 동생들 태어날 때 봤어. 무척 행복해 보이던 꼬마의 얼굴을."

세 번째 오리의 대답에 여섯 번째 오리가 말했어요.

"아마 우리는 저 꼬마의 행복을 위해 태어난 거 아닐까. 우리를 보고 저렇게 즐거워하니 말이야."

"그런데 우리가 무얼 했다고 저 꼬마가 행복해할까?"

일곱 번째 오리의 질문에 모두들 잠시 생각에 빠졌어요. 오리들이 꼬마에게 해줄 수 있는 것은 아무것도 없었거든요. 그때 둘째 오리가 대답했어요.

"내 생각에는 우리가 뭘 해서가 아니라 우리 존재 자체가 저 꼬마를 행복하게 해주는 것은 아닐까."

둘째 오리의 대답에 오리 형제들은 표정이 밝아졌어요. 자신들의 존재 자체만으로 누군가를 행복하게 해 줄 수 있다고 생각하니 기분이 좋았나 봐요.

그때 꼬마가 오리 형제들에게로 걸어왔어요. 엄마와 함께요.

"엄마, 이거 내가 만들었다. 멋있지?"

"그래, 너무 잘 만들었네. 얘네들은 외롭지 않겠다. 형제들이 많아서."

엄마의 대답에 오리들은 서로를 쳐다보았어요. 맞

아요. 그들은 꼬마에게만 기쁨이 아니라 서로에게도 기쁨이었던 거예요. 그날 오리 형제들은 함께 함에 즐거워하며 행복한 시간을 보냈답니다.

그냥 너라서 좋은 거야

 아기토끼는 3살 정이의 애착 인형이에요. 정이는 잘 때마다 아기토끼를 꼭 껴안고 자요. 아기토끼는 이런 정이를 정말 사랑해요. 정이 옆에 있으면 행복하고 앞으로도 쭉 기쁨을 주고 싶어요.

 그러던 어느 날, 정이는 아빠에게 장난감 로봇을 선물 받았어요. 정이는 처음 가져보는 장난감 로봇에 기뻐하며 이리저리 만져 보았어요. 장난감 로봇은 눈에서 반짝반짝 불빛이 나고 뚜벅뚜벅 걸어 다니기도 했어요. 그날 정이는 하루 종일 장난감 로봇을 손에서 놓지 않았어요.

 이런 모습을 보고 있던 아기토끼는 점점 불안해졌어요.

 '정이가 혹시 나를 안 찾아주면 어떡하지. 이제 나는 혼자 자야 하나.'

솔직히 아기토끼는 정이네 집에 온 이후로 혼자 자 본 적이 없어요. 정이가 시골 할머니 댁에 놀러 갈 때도, 가족들과 해외여행을 갈 때도 아기토끼를 데리고 다녔어요. 어디서나 둘은 함께였지요. 어떻게 보면 정이한테 아기토끼가 애착 인형이듯이, 아기토끼한테 정이는 없어서는 안 될 애착 사람인 것이었죠. 이런 아기토끼한테 정이 없이 혼자 잔다는 것은 상상하지 못했던 일이었어요.

아기토끼는 생각했어요.

'나는 저 로봇처럼 눈에서 멋있는 불빛이 나는 것도 아니고, 그렇다고 멋지게 걷지도 못해. 그래서 정이가 나보다 저 로봇을 더 좋아하는 것은 당연한 건지도 몰라.'

아기토끼는 속상하고 슬펐어요. 저 로봇과 비교할 때 아무것도 할 수 없는 자신이 못나 보였어요. 그리고 저 로봇에게 질투가 났어요. 정이가 장난감 로봇과 노는 동안 아기토끼는 고개를 푹 숙이고 침대 위에 혼자 외롭게 앉아있었지요.

저녁이 되고 정이가 잘 시간이 됐어요. 정이는 장난감 로봇을 거실 탁자 위에 올려놓더니 침대로 가서 아기토끼를 꼭 끌어안고 말했어요.

"아기토끼야, 잘 있었어? 사랑해. 잘 자."

변함없는 정이의 태도에 아기토끼의 마음이 기쁨으로 가득 찼어요. 기쁨의 눈물을 참고 있는 아기토끼에게 정이가 꼭 이렇게 속삭이는 것 같았어요.

"아기토끼야, 나는 네가 그냥 너라서 좋은 거야. 네가 무엇을 할 수 있고 없고는 중요치 않아."

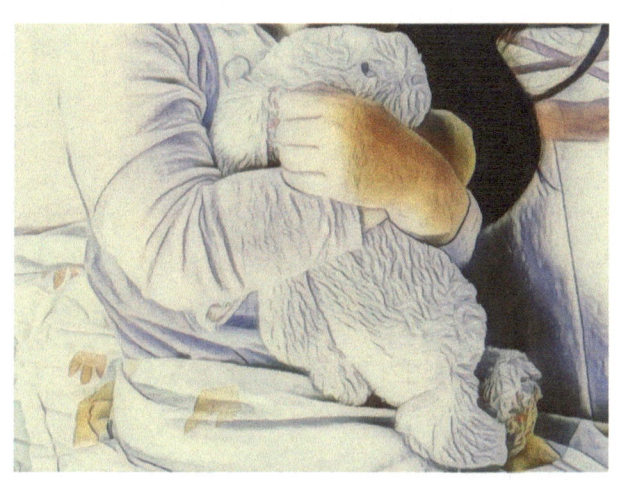

나무에 혹이 났어요.

송이는 유치원에서 오는 길에 신기한 것을 봤어요.

"엄마, 나무에 혹이 났어."

옆에 있던 엄마의 치마를 잡아당기며 송이는 나무를 가리켰어요. 엄마는 뭔 소리인가 하며 나무를 쳐다봤어요. 거기에는 송이 말대로 커다란 무언가가 달려 있었지요.

"송이야, 혹시 저거 벌집 아닐까?"

엄마의 말에 송이는 고개를 강하게 저었어요.

"저렇게 생긴 벌집이 어딨어? 벌이 들어갈 구멍도 안 보이잖아."

그러고 보니 주변에 벌이 보이지 않았어요. 그럼, 저것은 무엇일까 엄마는 생각했어요. 그때 송이가 엄마를 보며 말했어요.

"오늘 혹부리 영감 이야기 들었는데 혹시 나무도

그런 거 아닐까. 누군가 혹을 붙여준 거야."

 벌집 얘기할 때까지만 해도 송이가 많이 컸구나 생각했는데, 혹부리 영감 얘기를 들으니 아직 5살 아이라고 생각하는 엄마예요.

 그때 친구 종설이가 지나갔어요. 송이는 종설이를 붙잡고 말했어요.

 "종설아, 저기 나무에 혹 났어."

 송이의 말에 종설이는 나무를 바라봤어요. 정말로 커다란 혹 같은 게 붙어있어요. 하지만 종설이는 관심 없다는 듯 툭 한마디 뱉고 지나갔어요.

 "저거 나한테 맞아서 그래. 너도 조심해."

 송이는 깜짝 놀랐어요. 저 혹의 범인이 종설이었다니. 유치원에서도 사납기로 소문난 종설이에요. 나무가 너무 불쌍해 보여요. 얼마나 세게 맞았길래 저렇게 혹이 났을까.

 아이들의 대화를 듣고 있던 엄마는 웃음이 나왔어요. 농담을 진짜처럼 하는 종설이도, 그리고 그걸 진짜로 믿는 송이도 귀여웠지요. 엄마는 이제 저게 뭔지 별로 궁금하지 않아요. 그냥 이따 저녁밥 뭐 해야 되나 생각 중이에요. 아직도 저게 뭔지 살펴보고 있는 송이를 보며 엄마는 생각했어요.

'이게 어른과 아이의 차이인가. 나도 저런 때가 있었는데.'

뭔가 순수함을 잃어버린 것 같아 조금 아쉽기도 한 엄마예요.

2장.

입이 씰룩씰룩,
몸이 들썩들썩

쉬었다 자는 아이

5살 송이는 많이 피곤해요. 오랜만에 유치원에서 친구들과 신나게 놀았거든요. 집에 오자 졸려 하는 딸을 보며 엄마는 생각했어요.

'지금 자면 밤에 안 잘 텐데. 그리고 자더라도 밥은 먹고 자야지.'

그래서 어떻게든지 깨우기 위해 송이가 좋아하는 TV를 틀었어요. 송이는 눈을 비비며 일어나 만화를 봤어요. 그동안 엄마는 저녁 식사를 준비했고요.

저녁 식사 준비가 끝나고 엄마는 말했어요.

"송이야, 배고프지? 밥 먹자."

하지만 송이는 만화 보면서 밥 먹겠다고 떼를 쓰기 시작했어요. 엄마도 처음에는 안 된다고 했지만, 피곤한 상태에서 부리는 떼는 이길 수가 없었어요.

"이번 한 번만 특별히 TV 보면서 먹는 거야. 알았지?"

송이는 고개를 끄덕였어요. 하지만 매번 이런 식이에요. 이제 송이한테는 당연한 것이 되었죠. 밥을 먹는 둥 마는 둥 하며 TV를 보고 있는데 많이 피곤했는지 졸기 시작했어요. 엄마는 외쳤어요.

"송이야, 일어나. 양치질은 하고 자야지."

송이는 또 울면서 떼를 써요. 양치질하기 싫다고요. 엄마도 이제는 화가 나요. 참을성이 한계에 다다랐죠.

"송이야, 너 이빨 안 닦으면 치과 가서 주사 맞아야 돼."

송이는 그러든지 말든지 하는 태도로 엎드려서 떼를 쓰기 시작했어요. 그때 초인종이 울렸어요. 아빠가 퇴근하고 오신 거예요. 송이는 울면서 아빠에게 달려갔어요.

"우리 송이 왜 울어?"

아빠는 송이를 안아주었어요. 송이는 아빠 품에 꼭 안겼어요. 그리고 아빠 손에 들린 아이스크림을 보았죠. 송이는 울음을 그치고 아이스크림을 집었어요. 그걸 보고 엄마가 말했죠.

"송이야, 너 졸리다며? 안자?"

그러자 송이가 말했어요.

"나 피곤해. 좀 쉬었다 자야겠어."

엄마는 송이의 말에 박장대소하며 말했어요.
"송이야, 잠자는 게 쉬는 거야. 아이스크림은 내일 먹어."

1분의 감사

6살 사랑이는 이제 갓 입학한 유치원생이에요. 매일 아침 사랑이는 유치원 가방을 멘 자신의 모습을 현관 거울에 비춰보며 만족스러워해요.

그러던 어느 날, 사랑이가 늦잠을 잤는지 아침이 분주했어요. 세수도 해야 되고, 시리얼도 먹어야 되고, 옷도 입어야 되고, 머리까지 빗어야 돼요. 할 게 너무 많은데 시간은 자꾸 흘러가요. 사랑이가 다니는 유치원은 멀어서 엄마와 함께 마을버스를 타고 가야 돼요.

사랑이가 엄마에게 말했어요.

"엄마, 마을버스 출발하면 어떡하지?"

엄마도 시계를 보며 마음이 다급해졌어요. 마을버스는 동네 마트 앞에서 9시 정각에 출발해요.

"사랑아, 우리 조금만 더 서둘러보자. 9시까지는 갈 수 있을 거야."

말은 그렇게 했지만, 시간이 흐를수록 엄마도 마음이 안절부절 해져요. 사랑이가 유치원 가는 것을 좋아하는데. 오늘따라 남편이 차를 가지고 출근해서 태워주지도 못하고. 외진 곳에 사는 사랑이는 다음 마을버스까지는 30분을 더 기다려야 해요.

바삐 서둘러서 가까스로 출발하려는데 사랑이가 엄마를 보며 울기 시작했어요. 엄마가 물었어요.

"사랑아, 왜 울어?"

"엄마, 배가 아파. 응가하고 싶어."

가뜩이나 평소보다 늦은 것 같은데 응가 마렵다는 애한테 뭐라고 할 수도 없었어요. 엄마는 서둘러 사랑이를 화장실 변기에 앉혔어요. 응가를 마친 사랑이는 엄마와 함께 유치원 가방을 메고 밖으로 나왔어요. 아침 행사 마냥 습관적으로 현관 앞 거울 보는 것은 생각할 겨를도 없었지요.

시계를 보니 벌써 8시 50분이에요. 10분 안에 마을버스정류장까지 갈 수 있을까. 사랑이와 엄마는 서둘러 걸었어요. 평소 같으면 8시 40분에 나와서 길가에 핀 꽃도 보고 쉬엄쉬엄 갈 텐데 오늘은 마음이 조급해요.

너무 빨리 걷다 보니 사랑이가 다리 아프다고 투정 부려요. 업고라도 가야 하나 하지만 그러기에는 너무 무거운 사랑이에요. 시계를 보니 9시예요. 저 골목만 돌면 되는데. 엄마는 아쉽지만, 포기한 듯 사랑이를 한번 쳐다봤어요. 사랑이는 다리 아프다고 하면서도 열심히 걷고 있어요. 괜히 사랑이에게 미안한 마음이 생겼어요. 유치원에 가서 빨리 친구들과 놀고 싶었을 텐데.

혹시나 하는 마음에 골목을 돌아 마을 버스정류장을 보았어요. 그런데 마을버스가 문이 열린 채 서 있었어요. 깜짝 놀란 엄마는 기쁜 마음에 손을 흔들며 사랑이와 함께 마을버스로 뛰어갔어요. 사랑이도 마을버스를 보니 유치원에 갈 수 있다는 생각에 기분이 좋아진 것 같아요.

엄마는 마을버스 기사님에게 공손히 인사하며 사랑이와 함께 탔어요. 기사님은 빙긋 웃으며 출발했고요. 기사님께서 혹시나 하는 마음에 평소에 타던 사랑이네를 조금 기다리신 거예요. 그 마음을 알았는지 승객들도 불평하지 않았고요.

현재 시간 9시 1분. 1분의 기다림으로 모두들 기분 좋은 하루를 시작하였답니다.

이걸로 뭐 살 수 있어요?

7살 주환이는 화창한 봄날 동물원으로 소풍을 왔어요. 친구들과 코끼리도 보고, 호랑이도 보고 신나는 시간이었어요. 그리고 오늘은 중요한 사건이 있었어요. 그건 바로 처음으로 엄마한테 용돈을 받은 거예요. 돈을 직접 한 번도 안 사용해 본 주환이에게는 가슴 설레는 일이었지요.

친구들과 마트에 가서 이것저것 골랐어요. 맛있는 젤리도 사고, 아이스크림도 샀어요. 친구들도 부모님에게 용돈을 받아왔어요. 선생님이 아이들에게 돈 쓰는 법을 가르치기 위해 부모님에게 용돈을 준비해달라고 했거든요.

솔직히 동물 보는 것보다도 아이스크림 사 먹는 게 더 행복한 주환이었어요. 친구들과 신나게 떠들며 놀다 보니 어느새 사 온 간식을 다 먹었어요. 그래서 친구들과 또 편의점으로 달려갔어요. 손에는 아까 사고 남은 돈을 꼭 쥐고요. 예쁜 포장지에 싸인 사탕을 들고 주환이는 계산대에 가서 가지고 있는 돈을 내밀었어요.

"이거 하나 주세요."

주환이가 내민 손을 보던 가게 청년이 난처한 표정으로 말했어요.

"이거 가지고는 살 수 없는데. 미안해서 어떡하지."

주환이는 그 말에 편의점 밖에 있던 선생님에게 달려갔어요. 그리고 말했어요.

"선생님, 이거 가지고는 뭐 살 수 있어요?"

선생님은 주환이 손에 쥐어진 동전을 보았어요. 160원이에요. 선생님은 빙긋 웃으며 대답했어요.

"주환아, 이걸로는 여기서 뭐 사기 힘들 것 같아. 엄마가 주신 돈으로 맛있게 먹었지? 우리 친구들이 사 온 거 나눠 먹자."

선생님의 말에 주환이는 고개를 갸우뚱했어요.

"선생님, 이건 쓸 수 없는 돈이에요? 그럼 이건 어떻게 해야 돼요?"

주환이의 말에 선생님은 무슨 말을 해줘야 할지 생

각했어요. 액수가 적어 마땅히 어디에 써야 될지는 모르겠어요.

"주환아, 쓸 수는 있는데 이 가게에서 파는 물건을 사기에는 부족한 것뿐이야. 집에 가서 저금통에 넣어도 되고, 더 모았다가 맛있는 거 사 먹어도 돼."

주환이는 선생님의 말을 이해했는지 고개를 끄덕였어요. 그리고 손에 쥔 동전들을 바라보며 중얼거렸어요.

"얘들아, 여기서는 너희가 쓸모없지만 내게는 처음 가져본 돈이야. 내가 기념으로 소중히 간직해줄게."

따뜻한 수영장

6살 하윤이는 물을 좋아해요. 그래서 수영장 가는 것도 좋아하고 목욕하는 것도 좋아해요. 이런 하윤이에게 아빠가 얘기했어요.

"하윤아, 너 목욕탕 아니?"

"집에 있는 욕조요? 그게 왜요?"

하윤이의 대답에 아빠는 웃었어요.

"집에 있는 욕조보다 훨씬 큰 탕이 있어. 너 가보고 싶지 않니?"

하윤이는 욕조보다 훨씬 크다는 말에 신이 나서 아빠에게 대답했어요.

"아빠, 가보고 싶어요. 내일 당장 가요."

아빠는 하윤이의 머리를 쓰다듬었어요.

"그래. 내일 주말이니깐 같이 가보자."

다음날 처음으로 아빠와 함께 목욕탕에 온 하윤이

는 깜짝 놀랐어요. 커다란 탕에 사람들이 옷을 다 벗고 들어가는 거예요. 수영장에서 수영복 입고 놀아봤지 사람들 앞에서 다 벗고 놀아본 적은 없는 하윤이가 아빠에게 얘기했어요.

"아빠, 원래 이렇게 다 벗고 들어가는 거예요?"

아빠는 웃으며 대답했어요.

"그럼. 남자들끼리만 있어서 괜찮아. 여자들은 여기 못 들어와."

이 말에 하윤이는 웃으며 옷을 다 벗고 탕에 들어갔어요. 처음에는 생각보다 뜨거워서 발만 담그고 있다가 잠시 후 아빠 옆에 풍덩 앉았어요. 따뜻한 물이 몸을 감싸니 기분이 정말 좋았어요. 집에 있는 좁은 욕조를 생각하니 여기는 탁 트인 공원 같았어요. 따뜻한 물이 가득 찬 넓은 공원.

주변에 사람이 없어서 살짝 물장구도 쳐봤어요. 아빠는 물 튄다고 그만하라고 했지만 말만 그렇게 하고 흐뭇하게 바라보고 있었지요. 아마 주변에 피해 주는 사람이 없어서 재밌게 놀게 놔둔 것 같아요.

하윤이는 수영장에서처럼 신나게 놀았어요. 수영장과 차이점은 따뜻한 물에서 옷 다 벗고 논다는 것뿐이었죠. 탕에서 나와 시원한 바나나우유를 마시던 하윤이가 아빠에게 말했어요.

"아빠, 우리 다음에는 엄마랑 같이 와서 놀아요."

그러자 아빠가 웃으며 대답했어요.

"하윤아. 엄마도 여자야. 여기 와서 놀면 난리 날걸."

빛나는 꼬마 주전자

오래된 창고에 황금 빛깔의 꼬마 주전자가 있었어요. 꼬마 주전자는 오랫동안 선반 위 똑같은 자리에 있었지요. 뽀얀 먼지가 가득 낀 채로요. 톱, 망치, 램프 등 다른 친구들은 사람들이 많이 찾아와서 아껴주었지만 꼬마 주전자는 아무도 찾아오지 않았거든요. 꼬마 주전자는 외롭고 슬펐어요.

'나는 왜 아무도 찾아오지 않을까. 나는 쓸모없는 물건인가.'

꼬마 주전자는 혼자 중얼거리며 잠이 들었어요.

그러던 어느 날, 주인아저씨가 분주하게 창고를 드나들어요. 친구들을 가지러 왔다 갔다 하는 아저씨를 보며 꼬마 주전자는 생각했어요.

'나에게도 좀 와주세요. 저도 쓰임 받고 싶어요.'

그렇게 간절히 기도하던 꼬마 주전자의 마음을 아

는지 모르는지 아저씨는 다른 친구들을 사용하느라 바빴어요. 그래도 꼬마 주전자는 실망하지 않고 기도했어요.

며칠이 지나도 꼬마 주전자는 아저씨의 선택을 받지 못했어요. 아예 자신의 존재를 아저씨가 모르는 것 같았지요. 꼬마 주전자는 점점 힘이 빠졌어요. 여기서도 선택을 받지 못하면 영영 자기는 쓸모없는 물건이 될 것만 같았어요.

정신없이 바쁘던 아저씨는 일이 다 끝났는지 이제 창고에 오지 않았어요. 다시 창고는 깜깜한 어둠과 침묵 속으로 돌아갔지요. 꼬마 주전자는 실망했어요.

'나는 정말 아무 데도 쓸모없는 물건이었나 봐. 평생 이 깜깜한 창고 안에 있다가 버려지겠지.'

그때 창고 문이 열리며 밝은 햇살과 함께 아저씨가 들어왔어요. 그리고 아저씨는 창고 안을 한참 동안 살피며 돌아다녔죠. 드디어 아저씨가 꼬마 주전자 앞에 섰어요.

꼬마 주전자는 숨이 막혔어요. 왠지 마지막 희망의 불씨가 살아나는 느낌이었죠. 아저씨는 꼬마 주전자를 들더니 이리저리 살폈어요. 그러더니 밝게 웃으며 꼬마 주전자를 데리고 창고 밖으로 나갔어요. 꼬마 주전자는 너무 기뻤어요.

'내가 창고 밖으로 나오다니. 바깥공기가 이렇게 상쾌할 줄이야.'

아저씨는 꼬마 주전자를 데리고 집 안으로 들어가더니 손질하기 시작하셨어요. 꼬마 주전자를 깨끗이 씻기고, 니스를 바르고, 마지막으로 몸을 여기저기 다 듬어줬어요. 그러더니 집에서 가장 소중한 장소인 가족 식탁 위 천장에 달아주셨지요.

꼬마 주전자는 아저씨 집의 빛나는 조명이 된 거예요. 아저씨는 집을 새로 인테리어 하셨는데 끝내고 나니 뭔가 허전하셨던 거예요. 그래서 가족들을 위한 작은 선물로 식탁 위의 조명을 준비하셨어요. 꼬마 주전자를 사용해서요.

꼬마 주전자는 밝게 빛나는 자기 몸을 보며 너무 기뻤어요. 그리고 자신이 아저씨 가족들에게 소중한 선물이 됐다는 것에 큰 감동을 받았지요. 꼬마 주전자는 그 후로 가족들의 사랑을 받으며 행복하게 살았답니다.

앵무새 부부, 소망이와 희망이

커다란 쇼핑몰에 멋진 앵무새 부부가 살고 있었어요. 부부의 이름은 소망이와 희망이에요. 그들은 건물 천장에 달아놓은 집에 살면서 사람들에게 위험한 일은 없는지 살피는 일을 하고 있었지요. 가끔씩 누군가 쓰러져 아파하고 있으면 번개같이 날아가 상황을 파악하고 119에 신고했어요. 이런 소망이와 희망이를 사람들은 아끼고 사랑했지요.

어느 날, 소망이와 희망이가 높은 곳에 앉아서 무슨 일이 없는지 아래를 살피고 있는데 도둑이 어떤 아저씨의 지갑을 훔치고 있었어요. 그 장면을 포착한 소망이는 쏜살같이 날아가 도둑 어깨 위에 앉았어요. 순간 당황한 도둑이 소망이를 어깨에서 뿌리치려고 했어요. 하지만 소망이는 도둑의 머리 위로 날아오르며 소리쳤어요.

"도둑이야, 도둑이야."

일제히 사람들이 도둑과 소망이를 쳐다봤어요. 물론 지갑을 도둑맞은 아저씨도 쳐다봤지요. 그 아저씨는 너무 놀랬어요. 바로 뒤에 있는 사람이 자기 지갑을 들고 있었거든요

놀란 도둑은 얼른 그 자리에서 벗어나려고 계단으로 도망쳤어요. 그러자 소망이도 빠르게 날아서 도둑을 쫓아갔어요. 날아가면서 소망이는 외쳤어요.

"도둑 잡아라, 도둑 잡아라."

소망이의 외침에 사람들이 도둑을 잡으려고 달려들었어요. 하지만 도둑이 워낙 재빨라서 잡을 수가 없었지요. 도둑은 뒤를 한번 쳐다보고 여유 있게 웃으며 계단을 통해 아래층으로 뛰어 내려갔어요. 밖으로 연결된 아래층으로 내려가면 더 이상 잡기는 어려울 거예요.

이때 도둑의 눈앞으로 커다란 무언가가 빠른 속도로 날아왔어요. 그리고 도둑의 머리에 앉더니 이마를 쪼기 시작했어요. 도둑은 너무 아프고 놀래서 소리를 지르며 계단에서 넘어졌어요.

"아이코, 이게 뭐야."

그건 바로 희망이였어요. 소망이의 소리를 듣고 날아와서 도둑을 공격한 거예요. 뒤에서 달려온 사람들이 도둑을 잡아서 손을 묶고 지갑을 찾아 주인에게 돌려주었어요. 잃어버린 지갑을 찾은 주인은 정말 기뻐했어요. 그리고 소망이와 희망이에게 손을 흔들며 말했어요.

"앵무새야, 고마워. 너희들 덕분에 지갑을 찾았어."

사람들도 소망이와 희망이에게 박수를 쳐주며 환호했어요. 그런 사람들을 보며 소망이와 희망이는 의기양양하게 천장 위를 두 번 돌더니 집으로 돌아갔지요. 집으로 돌아가면서 소망이가 희망이에게 얘기해요.

"밥값 했으니 여기서 좀 더 지낼 수 있겠어."

풍선껌을 불어요

 별나라 유치원에 다니는 준이와 영이는 껌을 좋아해요. 특히 준이는 딸기맛 껌, 영이는 포도맛 껌을 좋아해요. 어느 날, 말씀반 선생님이 아이들 앞에서 재밌는 것을 보여주셨어요.
 "얘들아, 선생님이 지금 뭐 하고 있게?"
 아이들은 두 눈을 동그랗게 뜨고 선생님을 쳐다보았어요. 선생님은 씹고 있던 껌을 입안에서 요리조리 돌리다가 갑자기 숨을 내뱉었어요. 그러자 입에서 예쁜 하늘색 풍선이 나왔어요. 아이들은 깜짝 놀랐어요. 아이들은 환호성을 지르며 물었어요.
 "선생님, 그게 뭐예요? 입에서 풍선이 나왔어요."
 선생님은 아이들 앞에서 의기양양하게 어깨를 으쓱이며 설명해 주셨어요.
 "이건 풍선껌이라는 거야. 너희가 좋아하는 껌을 혓

바닥에 요렇게 말아서 바람을 훅 부는 거지."

선생님은 말하면서 다시 입으로 풍선을 부셨어요. 아이들은 매우 신기하고 재밌어했어요. 선생님은 아이들에게 한번 해보라고 풍선껌 상자를 책상 위에 올려놓으셨어요. 상자 안에는 다양한 색깔의 껌들이 들어있었지요. 선생님이 말씀하셨어요.

"선생님처럼 하늘색 껌을 씹으면 하늘색 풍선이 나오고, 노란색 껌을 씹으면 노란색 풍선이 나오지."

아이들은 저마다 좋아하는 색깔의 껌을 고르며 신나 했어요. 딸기맛을 좋아하는 준이는 왠지 딸기맛을 기대하며 분홍색 껌을 골랐어요. 포도맛을 좋아하는 영이는 보라색 껌을 골랐고요.

아이들은 껌을 씹으며 선생님처럼 혓바닥을 이리저리 움직여 보았어요. 그러나 풍선은 쉽게 불어지지 않았어요. 한참을 노력하던 아이들은 이제 싫증이 났는지 다른 놀이를 찾아서 떠났어요. 옆방으로 블록 놀이를 하러 가는 애들도 있었고, 야외 놀이터로 미끄럼틀을 타러 가는 아이들도 있었어요. 그러나 준이와 영이는 풍선을 불기 위해 계속 노력했어요.

선생님은 그런 준이와 영이를 흐뭇하게 바라보시

며 다시 차근차근 가르쳐 주셨어요. 쉽지는 않았지만, 드디어 영이가 조금 풍선을 불었어요. 영이는 신나 하며 기쁘게 외쳤어요.

"선생님, 저 입에서 풍선 나왔어요."

선생님은 머리를 쓰다듬으며 칭찬해 주셨어요. 옆에 있던 준이는 질투가 났어요. 자기도 열심히 했는데 영이가 먼저 풍선을 불었으니까요. 준이는 다시 열심히 풍선을 불었어요. 그러나 잘되지 않았어요. 결국 준이의 눈에서 눈물이 글썽이기 시작했어요. 이 모습을 지켜보시던 선생님은 준이를 안아주셨어요.

"준이야, 너무 성급하게 할 필요 없어. 열심히 하다 보면 언젠간 할 수 있을 거야."

준이는 선생님의 말씀에 평온함을 느꼈어요. 집에 가는 길에 엄마에게 풍선껌을 사달라고 조른 준이는 그날 저녁 집에서 열심히 풍선껌을 씹었어요. 엄마도 옆에서 도와주었고요. 드디어 입에서 풍선이 나왔어요. 준이는 흥분해서 외쳤어요.

"엄마, 나도 할 수 있어요. 정말 재밌어요."

엄마는 준이를 꼭 끌어안았어요.

"준이야, 노력하면 뭐든지 할 수 있어. 다만 남들과

시간 차이가 있을 뿐이지."

준이는 그날 밤 평안한 마음으로 잠자리에 들며 생각했어요.

"내일 영이와 같이 풍선껌 불어야지."

양치질 금지

 송이는 이제 6살이에요. 엄마에게 양치질하는 법을 배웠지요. 전에는 저녁에 먹고 싶은 과자가 있어도 엄마와 양치질하고 나서는 못 먹었어요.
 "엄마, 나 저거 먹고 싶어."
 "그럼 먹고 네가 양치질할래? 엄마는 또 못 해줘. 이빨 썩어서 치과 가도 몰라."
 치과를 무서워하는 송이는 엄마의 말에 손에 집었던 과자를 내려놓은 게 한두 번이 아니에요. 그런데 이제 양치질하는 법을 배운 송이는 거침이 없어요.
 "엄마, 나 이거 먹고 양치질할게."
 처음에는 엄마도 송이가 스스로 양치질해서 정말 편했어요. 뭔가 해야 될 일이 한 가지 줄어든 느낌. 하지만 지금은 슬슬 걱정돼요. 늦은 밤에도 과자 먹고 혼자 양치질하겠다고 말하는 송이예요.

"송이야, 너 그러다 살쪄. 친구들이 놀리면 어떡해?"

"몰라, 우리 유치원에 나보다 뚱뚱한 애들 많아."

전에 했던 양치질 협박이 안 통하는 지금 엄마는 뭔가 다른 방법이 필요했어요. 몸에도 안 좋은 과자를 밤늦게 먹는 것을 보고 마음이 편할 엄마는 없을 거예요.

그러던 어느 날, 엄마한테 좋은 생각이 떠올랐어요. 이날도 밤늦게 과자를 먹고 양치질하려던 송이는 화장실에서 깜짝 놀랐어요. 칫솔이 안 보이는 거예요.

"엄마, 내 칫솔 봤어?"

송이의 질문에 엄마는 짐짓 모르는 척 했어요.

"글쎄다. 칫솔도 자러 갔나."

"엄마, 농담 말고. 나도 이제 6살 언니야. 칫솔 어딨어?"

그러자 엄마는 송이를 똑바로 보며 말했어요.

"송이야, 이제 9시 넘으면 양치질 금지야. 엄마가 칫솔 치워놨어."

송이는 황당했어요. 과자 금지는 들어봤어도 양치질 금지는 처음 들었거든요.

"엄마, 그런 게 어딨어? 빨리 내 칫솔 줘."

하지만 엄마는 단호하게 말했어요. 지금 아니면 밤

늦게 과자 먹는 버릇을 못 고칠 것 같아서요.

"못 줘. 네가 혼자 양치질하는 것은 대견해. 그렇지만 양치질할 수 있다고 밤늦게 과자 먹는 것은 안 돼. 네 건강을 위해서야."

엄마의 강렬한 눈빛을 보니 송이는 이길 수 없다는 것을 알았어요. 고개를 푹 숙이고 수긍하던 송이는 한마디 했어요.

"알았어. 대신 엄마도 건강을 위해 9시 넘으면 양치질 금지야."

엄마는 움찔했어요. 물귀신 작전을 쓰다니. 밤늦게 먹는 야식이 진짜 맛있는데.

3장.

언제 크나 싶더니
별말을 다하네

아이스크림 친구들

아이스크림 나라에 맛있기로 소문난 9명의 친구들이 있었어요. 그들은 사이가 좋아 항상 같이 어울려 다니며 놀았어요. 어느 날 문득 딸기맛이 이런 얘기를 했어요.

"아이스크림 나라에서 나보다 맛있는 아이스크림은 없을걸."

그 말을 듣고 서로 자기가 더 맛있다고 웅성웅성 대었어요. 그러자 민트맛이 말했어요.

"그럼 우리 누가 더 맛있는지 내기해 볼까?"

친구들은 좋다고 찬성하며 모두들 아이스크림 가게로 출발했어요. 그곳은 사람들을 만나기 위해 맛있게 차려입고 경쟁하는 곳이에요. 거기서 사람들에게 선택받으면 맛있는 아이스크림으로 증명되는 셈이지요. 하지만 일정 시간 동안 사람들의 선택을 받지 못

한 아이스크림은 진열대에서 쫓겨났어요. 쫓겨난 아이스크림은 녹아서 흔적도 없이 사라졌지요.

가게에 도착하니 먼저 온 다른 친구들이 저마다 맛을 뽐내며 진열대에 놓여있었어요. 9명의 친구들도 진열대에 올라가려고 기다리는데 거대한 손이 다가와 그들을 다른 곳으로 데려갔어요. 그리고 거기서 깎고 다듬고를 거듭하여 9가지 맛의 거대한 케이크가 만들어졌지요.

각자의 맛을 마음껏 뽐내고 있는 케이크를 본 사람들은 서로 가져가려고 손을 뻗었어요. 그러나 한 개뿐인 케이크를 다 가져갈 수 없어 결국 그날 생일인 아이의 품에 안기게 되었어요.

아이의 손에 들려 집으로 가는 길. 아이스박스 안에서 친구들은 서로 얘기했어요.

"아까 진열대 못 봤어? 맛있어 보이는 초코맛 선배님과 블루베리맛 선배님도 안 팔려서 초조해 보였던 거."

"봤어. 만약 우리가 진열대에 있었으면 결국 선택받지 못한 친구가 생겼을지도 몰라."

"우리가 힘을 합쳐 맛을 뽐내니 사람들이 더 좋아했던 거 같아."

9가지 맛의 아이스크림 친구들은 혼자보다는 다 같이 있을 때 더 맛있어 보인다는 것을 알게 되었어요. 그들은 아이스박스 안에서 앞으로는 경쟁하지 말자고 약속했어요.

 집에 도착 후 생일잔치의 하이라이트인 생일 축하 시간. 아이스크림 케이크를 가운데 두고 가족들이 모여 아이의 생일을 축하해주었어요. 그리고 드디어 숟가락을 든 아이. 9명의 친구들은 모두들 속으로 외쳤어요.

 '제발 먼저 나에게 와줘.'

따라쟁이

도형 마을에 아빠를 따라 하기 좋아하는 아들이 있었어요. 아빠는 동그라미고 아들은 네모였죠. 아빠가 오른쪽으로 구르면 아들도 오른쪽으로 구르고 아빠가 왼쪽으로 구르면 아들도 왼쪽으로 굴렀죠. 하지만 아들은 잘 구를 수가 없었어요.

아들은 생각했어요.

'내가 아직 어려서 아빠처럼 빠르게 못 굴러가는 걸 거야. 좀 더 자라면 아빠처럼 잘 구를 수 있겠지.'

시간이 지나 한 살 더 자란 아들은 덩치는 커졌지만, 아직도 아빠처럼 빨리 구를 수는 없었어요. 속이 상한 아들은 엄마에게 물어봤어요. 엄마는 세모였어요.

"엄마, 나는 왜 아빠처럼 빨리 구를 수가 없는 거야?"

엄마는 대답했어요.

"우리는 생긴 모습이 달라. 아빠는 동그래서 잘 구

를 수 있는 거고, 너는 네모라서 잘 구를 수 없는 거야. 대신 너는 경사진 곳에서도 미끄러지지 않고 잘 버틸 수 있지. 우리는 각기 다른 재주를 가지고 태어났단다."

아들은 엄마의 말에 자신의 모습과 아빠의 모습을 비교해 보았어요. 엄마 말대로 동그란 아빠와 네모난 자신은 모습이 달랐어요. 이제야 그것이 눈에 들어오다니. 아들은 그동안 자신이 아빠를 따라 하려고 했던 것들을 생각하니 허탈했어요.

그때부터 아들은 자신의 모습을 관찰하기 시작하였어요. 자신을 모른 채 무턱대고 남이 멋있어 보인다고 따라 하면 안 된다는 것을 알았거든요. 대신 자신의 장점을 찾아서 연습하다 보면 무언가 특별한 도형이 될 것 같은 소망이 생겼어요.

그 후 도형 마을에는 자신의 재능을 발견하여 열심히 운동하고 공부하는 아들을 볼 수 있었어요. 앞으로 자라서 뭐가 될지는 모르겠지만 확실한 것은 자신을 아끼고 사랑하는 네모가 될 것임에는 틀림없을 거예요.

손맛을 느끼고 싶은 아이

낚시 예능 프로그램을 좋아하는 준이는 아빠를 졸라 태어나서 처음으로 낚시터에 왔어요. TV에서 보던 대로 사람들이 저수지에 삥 둘러앉아 있어요. 준이도 자리에 앉아 물고기를 기다리기 시작했어요. TV에서 말하는 물고기 잡을 때 느껴지는 손맛을 기대하면서요. 그런데 한참을 기다려도 잡힐 기미가 안 보여요.

"아빠, 물고기는 언제 잡혀? TV에서는 계속 잡히던데."

"그건 말이지 편집한 거야. 시청자들 재밌으라고. 물고기 잡히는 것만 모아서 보여준 거야. 사실은 기다려야 돼. 오래오래."

"그럼 기다리기만 하면 잡히는 거야?"

"솔직히 안 잡힐 수도 있어. 그때는 그냥 허탕 치고 가는 거지."

아빠의 대답에 준이는 시무룩 해졌어요. 과연 물고

기는 언제 볼 수 있을까요. 그때 옆자리 아저씨가 물고기를 잡았어요. 엄청 커요. 조금 있으니 저쪽에서도 물고기가 잡혔어요. 가만 보니 아빠만 못 잡고 있는 것 같아요.

"아빠, 아빠는 언제 잡을 거야?"

준이의 말에 아빠는 씩 웃었어요.

"글쎄, 아빠도 모르겠네. 그리고 낚시하는 이유가 물고기 잡을 때 느껴지는 손맛도 있지만, 자연을 보며 생각을 정리하기 위해서도 오는 거야."

준이는 아빠가 도통 무슨 소리를 하는지 잘 모르겠어요. 낚시터에 물고기 잡으러 오는 거지 생각 정리하러 왔다는 것이 이해가 안 가요. 왠지 물고기 못 잡으니깐 핑계 대는 것 같아요. 그때 아빠의 낚싯대가 흔들렸어요. 아빠는 벌떡 일어나 재빠르게 낚아챘지만 물고기는 미끼만 먹고 사라졌어요.

"아빠, 나 손맛 언제 느끼게 해 줄 거야? 물고기 잡을 때의 손맛이 짜릿하다며. 이럴 줄 알았으면 집에서 TV나 보는 건대."

아빠는 준이에게 좀 미안한 마음이 들었어요. 거기다 햇볕이 뜨거워서 온몸이 땀으로 범벅이에요. 잠시 후 준이가 벌떡 일어나더니 잠자리채를 들었어요. 아빠가 물었어요.

"준이야, 어디가?"

"잠자리 잡으러. 나도 손맛 좀 느껴보자."

내 이름이 보고 싶어요!!

　8살 준영이는 요즘 한글 공부가 한창이에요. 친구들은 한글을 다 읽는데 본인만 제대로 못 읽는 거 같아 속상해요. 오늘도 어김없이 엄마와 식탁에 앉아 한글 공부를 했어요. 그때 옆에서 놀고 있던 5살 여동생이 말했어요.
　"오빠, 나도 내 이름이 보고 싶어."
　준영이는 이 말을 듣고 빙긋 웃으며 대답했어요.
　"잠깐만 기다려."
　그러면서 노트에 여동생의 이름을 한 자 한 자 쓰기 시작했어요. 비록 비뚤기는 했지만, 여동생의 이름을 다 적었어요.
　"이게 네 이름이야. 김서영."
　여동생은 한글로 써진 자기 이름을 보고 신기해하며 엄마에게 자랑했어요.

"엄마, 이게 내 이름이래."

옆에서 이 모습을 보고 있던 엄마는 흐뭇했어요.

"준영이 한글 많이 늘었네. 조금 있으면 책도 혼자 다 읽겠어."

이 말에 준영이는 어깨를 으쓱하며 씩 웃었어요. 이제 곧 자신도 다른 친구들처럼 책도 읽고 받아쓰기도 만점 맞을 수 있을 것 같았어요. 마음속에는 자신감이 넘쳐흘렀어요.

그런데 잠시 후 여동생이 한글 퍼즐을 가지고 와서 놀기 시작했어요. 그러고는 한글 퍼즐을 이리저리 맞춰보더니 자기 이름을 만들었어요. 준영이는 이것을 보고 깜짝 놀랐어요. 5살이 자신의 이름을 한글로 안다는 것이 빠르다고 생각했나 봐요. 물론 노트에 써준 이름을 보고 따라 한 거지만요.

자기 이름을 보고 기뻐하던 여동생은 준영이에게 말했어요.

"오빠, 엄마 아빠 이름도 써줘. 퍼즐로 만들어볼래."

이 말에 준영이는 엄마 아빠 이름을 노트에 써줬어요. 그러고는 엄마에게 가서 걱정스러운 듯이 귓속말로 얘기했어요.

"엄마, 서영이가 나보다 한글 빨리 떼면 어떡하지? 놀리면 어떡해?"

이 말에 엄마는 웃음이 빵 터졌어요. 불안한 모습으로 자기를 보고 있는 준영이를 꼭 안아주며 귓속말로 얘기했어요.

"걱정 마. 서영이는 이미 네가 한글 다 안다고 생각할 거야."

도형을 품은 가로수

요즘 도형 놀이에 흠뻑 빠져있는 5살 서연이는 유치원에서 오는 길에 주변을 두리번거렸어요.

"서연아, 뭐 찾아?"

엄마의 물음에 서연이는 빙긋 웃으며 말했어요.

"원뿔"

처음 도형을 알았을 때는 사각형, 원 등 길가에서 흔히 볼 수 있는 것을 찾았어요. 그런데 지금은 도형 좀 배웠다고 사각형, 원 같은 것은 시시해요. 대신 원뿔, 원기둥 등 입체적인 도형을 찾는 서연이예요.

"서연아, 원뿔은 좀 찾기 힘들걸. 어디 있을까."

엄마도 서연이와 함께 찾아보았어요. 다른 때 같으면 주차장에서 사용하는 주차콘이라도 있을 법한데 오늘은 보이지 않았어요. 대신 사각형, 원은 널려 있었어요. 길가에 널려있는 간판이나 자동차 바퀴가 모두 사각형, 원이었지요.

"서연아, 이제 슬슬 집에 가야 되는데."

엄마는 집에 손님이 오기로 한 것을 기억하며 서연이한테 빨리 가자고 재촉했어요. 하지만 서연이는 원뿔을 찾기 위해 집 근처를 계속 서성거렸어요.

시계를 보니 점점 손님 올 시간이 다가오고 있었어요. 엄마는 속으로 애가 탔지만 서연이는 집에 돌아갈 생각이 없어 보였어요. 원뿔을 찾기 전에는요.

이때 엄마 눈앞에 멀리 도로에 있는 가로수가 보였어요. 평소에 보던 가로수인데 오늘은 모양이 특이했어요.

"서연아, 저것 봐. 저기 도형이 있네."

서연이는 엄마의 외침에 고개를 돌려 보았어요. 그리고 기쁨의 환호를 질렀어요.

"우와, 사각형이다. 신기해."

그건 주변에서 흔히 보던 사각형이 아니었어요. 무성한 나뭇잎을 깎아 만든 사각형이었어요. 서연이는 가로수 가까이 달려가 함박웃음을 지으며 생각했어요.

'평범한 사각형도 특별해질 수 있구나.'

신호등 괴물

앞이 희미하게 보이는 안개 낀 아침. 순이는 엄마 손을 꼭 잡고 유치원 옆의 횡단보도 앞에 서 있었어요. 드디어 신호등이 녹색불로 바뀌고 건너가야 하는데 순이는 울음을 터트렸어요. 엄마가 물었어요.

"순이야, 왜 그래?"

그러자 순이가 대답했어요.

"저기 녹색 괴물이 나를 쳐다보고 있는 거 같아."

순이는 녹색 신호등이 무서웠던 거예요. 어젯밤에 아빠가 읽어준 녹색 눈을 가진 도깨비가 머릿속에서 자꾸 맴돌았어요. 녹색 신호등이 외눈박이 도깨비의 녹색 눈과 비슷했나 봐요. 시간이 지나니 빨리 건너라고 신호등이 깜빡깜빡 대기 시작해요. 그러자 순이는 더 소리를 지르며 엄마 품에 안겨 울어댔어요.

"엄마, 녹색 괴물이 나 잡아먹으면 어떡해. 저 깜빡

이는 녹색 눈이 너무 무서워."

엄마가 순이를 꼭 껴안으며 얘기했어요.

"순이야, 저건 그냥 신호등이야. 어제도 우리 신호등 보며 잘 건넜잖아."

그러면서 엄마는 속으로 생각했어요.

"순이 아빠는 왜 그런 책을 읽어줘서 이 난리를 치게 한담."

곧 신호등은 빨간불로 바뀌고 순이는 울음을 멈췄어요. 옆을 보니 횡단보도에서 같이 기다리던 친구들은 다 건너가고 순이와 엄마만 남았어요. 엄마가 얘기했어요.

"순이야, 저기 건너간 친구들 보이지. 괴물이 안 잡아먹었네. 괴물은 자기를 보고 무서워하지 않는 아이는 안 잡아먹는데. 우리도 용기 한번 내볼까."

그러자 순이가 잠시 생각하더니 엄마를 바라보며 말했어요.

"엄마, 그냥 나 집에 가면 안 돼. 유치원 가기 싫어졌어."

엄마는 난감했어요. 이 상황을 어떻게 극복해야 되나 싶었어요. 그때 순이가 평소에 좋아하던 준이도 횡단보도 앞에 왔어요. 준이는 또래보다 덩치도 크고 말도 잘했어요. 순이 엄마는 이거다 싶었어요.

"준이야, 우리 순이 손 꼭 잡고 이 신호등 좀 건너가 줄래. 순이가 저 신호등을 무서워하네."

그러자 준이는 웃으며 대답했어요.

"네, 걱정 마세요. 순이야, 가자."

순이는 신호등 괴물이 무서웠지만 준이가 손을 잡고 끌어주니 용기를 내었어요. 한 손에는 준이 손을, 또 한 손에는 엄마 손을 잡고 순이는 횡단보도를 무사히 건너갔어요.

순이가 엄마에게 방긋 웃으면서 말했어요.

"엄마, 괴물이 나 안 잡아먹었어. 나는 이제 괴물 따위는 무섭지 않아."

엄마는 순이의 머리를 쓰다듬어 주면서 준이에게 고맙다고 하였어요. 그리고 속으로 생각했어요.

'순이 아빠, 이따 집에 오기만 해 봐라.'

다람이의 고민

숲속 마을에 다람쥐 한 마리가 살았어요. 갈색의 보드랍고 뭉실뭉실한 꼬리털을 가진 다람쥐의 이름은 다람이였어요. 다람이에게는 고민이 하나 있었어요. 그건 바로 요즘 누군가 자기 집에 침입한다는 거였지요.

'누가 또 들어왔다 갔네. 대체 누구야?'

다람이가 열매 모으러 나간 사이에 누군가 또 왔다 갔어요. 다람이는 화도 나고 겁도 났어요. 처음에는 없어진 것도 없고 해서 잘못 느낀 거겠지 생각했어요. 하지만 이제는 확실히 알겠어요. 입구에 걸어놓은 지푸라기가 떨어져 있었으니까요.

다람이는 결심했어요. 누군지 꼭 알아내기로요. 그래서 다람이는 나가는 척하고 반대편 나무 위로 올라가 숨었어요. 잠시 기다리니 하늘에서 인기척이 들렸어요. 그건 바로 아기 비둘기였어요. 아기 비둘기는 다람이 집으로 들어가 놀았어요. 집 안에 있는 도토리도 굴려보고 나뭇가지 침대 위에서 뒹굴기도 했어요. 그때 누군가의 외침이 들렸어요.

"야, 너 누구야?"

다람이였어요. 솔직히 자기보다 크고 힘이 센 동물이면 무서워했겠지만 자기보다 작은 아기 비둘기를 보고 다람이는 크게 소리쳤어요. 아기 비둘기는 깜짝 놀라며 침대에서 떨어졌어요. 그러고는 도망치려고 집 밖을 향해 날개를 퍼덕였어요. 하지만 다람이가 입구를 막아섰어요.

꼼짝없이 안에 갇힌 아기 비둘기는 무섭고 떨려서 울기 시작했어요.

"죄송해요. 나무 위의 집이 너무 예뻐서 들어왔어요."

다람이는 울고 있는 아기 비둘기가 조금 측은해 보였어요. 그래서 차분한 목소리로 말했어요.

"넌 어디 사니? 여기는 어떻게 알고 온 거야?"

아기 비둘기는 다람이의 목소리 톤이 아까와는 달리 잠잠해진 것을 알고 울음을 그쳤어요. 그리고 얘기했죠.

"저는 저 앞 나무 위에 살아요. 그런데 집 크기에 비해 형제가 많아서 너무 좁아요. 그러다가 아저씨네 집을 보았어요. 이렇게 멋진 집에서 혼자 사는 것을 보고 한번 와보고 싶었어요."

아기 비둘기의 말에 다람이는 마음이 풀어졌어요. 호기심에 온 아기 비둘기를 혼낼 정도로 마음이 모질지는 않았어요.

"앞으로는 나 있을 때 와. 나도 누군가 들어온 흔적을 보고 얼마나 놀랬는 줄 아니? 그래서 와보니깐 어때?"

아기 비둘기는 씩 웃으며 말했어요.

"포근하고 좋아요. 앞으로 자주 올게요. 근데 형들 데려와도 돼요?"

이 말에 다람이는 마음이 덜컹 내려앉았어요. 괜히 말했다는 생각과 함께요.

'이러다 혹시 집 뺏기는 거 아냐.'

솜사탕이 먹고 싶어요

준이는 유치원에서 선물로 솜사탕을 받아 왔어요. 친구에게 장난감을 양보했다고 선생님이 상으로 준 거예요. 집에 오자마자 준이는 엄마에게 자랑했어요.

"엄마, 선생님이 나 양보 잘했다고 솜사탕 줬어. 그리고 동생이랑 같이 먹으라고 두 개나."

엄마는 준이의 머리를 쓰다듬으며 칭찬해주었어요. 신이 난 준이는 얼른 솜사탕이 먹고 싶었어요. 그래서 엄마에게 지금 솜사탕 먹어도 되냐고 물어봤어요.

"준이야, 저녁 먹은 후에 먹어야지. 조금만 기다리렴."

준이는 엄마 말을 따라 저녁을 다 먹고 솜사탕 먹기로 하였어요. 입안에서는 침이 고였지만 조금만 참으면 먹을 수 있다는 생각에 기분이 설레었어요.

엄마는 준이와 동생에게 맛있는 저녁을 차려줬어요. 준이는 후다닥 밥을 입안으로 밀어 넣었어요. 거의 반찬 없이 맨밥만 먹은 것 같아요. 빨리 솜사탕이 먹고 싶었거든요. 드디어 밥을 다 먹고 준이는 식탁 위에 있는 솜사탕을 먹으려고 하였어요. 이것을 본 엄마가 말했어요.

"준이야, 동생 밥 다 먹을 때까지 기다려주면 안 될까? 네가 지금 먹으면 동생도 얼마나 먹고 싶겠니."

준이는 엄마의 얼굴을 빤히 쳐다봤어요. 너무 먹고 싶었지만, 엄마 말이 틀린 것은 아니었거든요. 동생은 이런 준이의 마음을 아는지 모르는지 밥은 안 먹고 세월아 네월아 장난만 치고 있어요. 이것을 보고 있던 준이는 화가 났어요. 기껏 기다려주고 있는데 밥 가지고 장난치는 동생이 너무 얄미웠어요.

"야, 빨리 먹어. 너 내가 기다려주는 거 안 보여?"

그러나 동생은 들은 채도 안 해요. 그러자 준이는 동생에게 크게 소리쳤어요. 동생이 가장 싫어하는 말을 섞어가면서요.

"못난아, 빨리 먹어."

이 말을 들은 동생은 울먹이기 시작했어요. 4살 여자아이한테 못난이란 말은 정말 듣기 싫은 말이었나 봐요. 옆에서 이 광경을 보고 있던 엄마가 준이를 꼭 끌어안았어요.

"준이가 솜사탕 기다리느라 많이 지쳤구나. 하지만 동생에게 소리 지르면 밥을 더 늦게 먹지 않을까? 우리 조금만 더 기다려보자."

이 말을 들은 준이는 동생이 밥을 빨리 먹을 수 있도록 도와줬어요. 드디어 밥을 다 먹은 동생한테 준이는 상으로 받아온 솜사탕 한 개를 내밀었어요. 그리고 준이도 솜사탕을 입안에 쏙 넣었어요. 오랜 기다림 후의 솜사탕은 정말 달콤했어요. 입안에서 살살 녹는 솜사탕을 즐기며 준이는 생각했어요.

'무언가를 얻기 위해서는 기다릴 줄도 알아야 하는구나. 그리고 앞으로는 유치원에서 다 먹고 와야지. 헤헷'

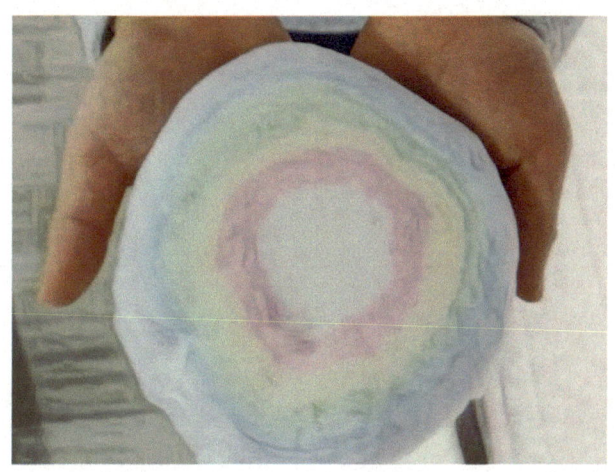

4장.

존재만으로도
감사해.

아기토끼랑 약속했어요

 늦은 오후, 아빠는 순이를 데리러 유치원에 갔어요. 오늘은 와이프가 급한 일이 생겨서 아빠가 데리러 가는 중이에요. 이른 퇴근 후 늦지 않게 아빠는 유치원으로 뛰어갔어요. 기다리고 있을 순이를 생각하면서요. 그런데 순이가 아빠를 보자 울기 시작했어요.
 "순이야, 왜 울어?"
 아빠와 옆에 있던 선생님이 놀랬어요. 평소에 아빠와 사이가 좋았던 순이거든요.
 "아빠, 아기토끼 가지고 왔어?"
 아기토끼는 순이 애착 인형이에요. 아빠는 뭔 소린지 모르겠다는 표정으로 순이를 쳐다봤어요. 그 표정을 알아챘는지 순이는 더 크게 울었어요. 아빠의 빈손을 봤을 때부터 순이는 아기토끼가 없다는 것을 알고 있었거든요. 그제야 선생님이 무슨 상황인지 짐작이 됐어요.

"아하. 아침에 어머니가 순이 데리고 왔을 때 아기토끼를 도로 가져갔거든요. 그리고 이따 다시 가지고 오기로 했나 봐요."

아빠도 이제야 상황 파악이 되었어요. 와이프한테 아기토끼 얘기는 들은 바도 없고, 들었어도 회사에서 오는 길이라 아기토끼 가지고 올 겨를도 없었던 아빠예요. 하지만 아빠는 얘기했어요.

"순이야, 미안해. 아빠가 못 가지고 왔네. 우리 빨리 집에 가서 아기토끼랑 놀자."

그러자 순이는 고개를 가로저으며 더 크게 울었어요. 그리고 외쳤어요.

"아기토끼랑 약속했단 말이야. 오늘 놀이터에서 같이 놀기로."

아빠는 순이를 꼭 안으며 말했어요.

"그래, 우리 집에 가서 아기토끼 데리고 나오자. 그리고 같이 놀이터에서 놀자."

순이는 두 눈을 깜빡이며 아빠를 바라봤어요. 순이의 마음을 풀어주기에는 뭔가 부족해 보여요. 더 큰 한방이 필요해 보여요.

"그럼 우리 아기토끼랑 같이 놀이터에서 아이스크림도 먹을까."

그제야 순이의 입가에 웃음이 번졌어요. 그리고 아빠 손을 잡으며 말했어요

"빨리 가자. 아기토끼 기다리겠어."

아빠는 조그마한 순이의 손을 잡고 걸으며 생각했어요.

'얘가 언제까지 아기토끼를 찾을까. 나도 이런 때가 있었나.'

돌들의 전쟁

 따뜻한 햇살이 내리쬐는 오후, 멋진 돌담이 길게 펼쳐져 있어요. 돌담에는 커다란돌, 작은돌, 모난돌, 둥근돌이 모여있어요. 그들은 서로가 잘났다고 얘기했어요.

 "이 돌담에서 나보다 더 큰 돌 있어? 내가 제일 크니깐 여기 대장은 나야."

 커다란돌이 주변의 다른 돌들에게 큰 소리로 외쳤어요.

 그러자 작은돌이 코웃음을 치며 말했어요.

 "내가 없으면 어떻게 이 작은 틈새를 메꾸니. 내가 없으면 아마 이 돌담은 무너질걸. 그러니 내가 여기 대장이야."

 이 말을 조용히 듣고 있던 모난돌이 기가 막힌다는 듯이 말했어요.

"너희들 내 모서리로 맞고 싶니? 크기가 중요한 게 아냐. 나처럼 멋진 무기가 있어야 힘센 대장이지."

이때 둥근돌이 깔깔깔 웃으며 나섰어요.

"너 내 이마에 박치기당하고 싶니? 네가 자랑하는 모서리 내가 부서뜨릴 수도 있어. 나처럼 단단한 돌은 없을걸. 그러니 여기 대장은 나야."

돌들은 한 치의 양보도 없이 서로 자기들이 대장이라고 우겨댔어요. 그때 돌담 옆을 지나가던 연인들의 대화 소리가 들렸어요.

"여기 돌담 너무 멋있고 예쁘다."

"그러게. 평소에는 거들떠도 안 보던 돌들을 모아놓으니 고풍스럽고 멋지네."

돌들은 그 말을 듣고 부끄러웠어요. 솔직히 그들도 알고 있었어요. 사실 돌담의 구성원이 되기 전에는 발에 차이던 신세였거든요. 그런데 돌담의 구성원이 된 뒤부터 사람들이 찾아와 멋지다고 칭찬해주니 괜히 우쭐해졌나 봐요. 그리고 다른 돌들 보다는 내가 낫다는 생각도 들었고요.

"얘들아, 잘난 척해서 미안해."

둥근돌이 얘기하니 다른 돌들도 한 마디씩 했어요.

"우리끼리 서로 잘나고 못나고 가 어딨니. 그냥 사람들이 보기에는 다 똑같은 돌일 뿐인데. 우리 서로 비교하지 말고 행복하자 살자."

"맞아. 우리 중 한 명이라도 없으면 돌담이 허물어지던가 구멍이 뻥 뚫려 멋이 없을 거야. 우리 모두 함께 있을 때 돌담도 멋있는 거야. 그러니 우린 모두 소중해."

이 말에 돌들은 서로 웃으며 즐거운 오후를 보냈어요. 따뜻한 햇살에 일광욕하면서요.

이빨이 울어요.

준이가 TV를 보며 사과를 먹다가 소리쳤어요.

"엄마, 앞이빨이 흔들려요. 어떡해?"

엄마는 준이의 앞이빨을 손으로 만져보더니 말했어요.

"조금 더 흔들리면 뽑자. 예쁜이가 다시 돋아날 거야."

준이는 엄마의 말에 고개를 끄덕이며 마음 편히 계속 TV를 봤어요. 한편, 준이와는 달리 누군가 훌쩍이고 있어요. 앞이빨 초롱이에요. 옆에서 친구들이 위로해 줬어요.

"초롱아, 울지마. 너와 함께한 시간 잊지 않을 거야."

초롱이는 울면서 친구 이빨들에게 얘기했어요.

"난 나가기 싫어. 어떻게 하면 여기서 오래 살 수 있을까."

옆에 있던 누런이가 대답했어요.

"언젠가는 우리도 여기서 나가야 돼. 우리가 있던 자리에는 튼튼한 새 이빨 친구들이 자라날 거야. 어떻게 보면 우리 아이들이지."

우리 아이들이라는 말에 초롱이는 누런이에게 말했어요.

"그렇네. 내 자리에서 다시 자라날 이빨은 내 아이인지도 몰라. 내가 없어도 이 아이에게 모두들 잘해줄 거지?"

"그럼. 잘해줘야지. 그러니깐 그만 울어."

초롱이는 눈물을 그치고 생각했어요. 솔직히 처음에는 자신의 자리에 새로 나올 이빨에게 질투했어요. 꼭 자신을 쫓아내고 이 자리를 차지한다는 생각이 들었거든요. 하지만 내 아이라고 생각하니 마음이 바뀌었어요. 이제는 귀엽고 사랑스럽기까지 해요.

며칠 후 초롱이는 더 많이 흔들리게 됐어요. 결국 준이 엄마가 실로 초롱이를 칭칭 묶었어요. 초롱이는 너무나 떨리고 무서웠어요. 금방이라도 눈물이 터질 것만 같았어요. 하지만 마음속으로 생각했어요. 지금 아래서 자라고 있을 내 아이를 위해 울지 않으리라고요. 옆에서는 친구들이 모두들 응원해 주었어요. 그리고 어디 가서든 잘 살라는 말과 함께요.

 준이 엄마가 숫자를 세기 시작했어요. 셋에 뽑기로 했거든요. 준이는 눈을 꼭 감고 주먹을 힘껏 쥐었어요. 초롱이도 온몸의 신경을 곤두세웠죠. 드디어 숫자가 세어지고 초롱이는 하늘 높이 치솟았어요.

 "친구들아, 안녕. 잘 있어. 내 아이 잘 부탁해."

 초롱이의 외침은 준이의 커다란 울음소리에 파묻혔지만, 친구들은 마음으로 알아들었을 거예요. 그리고 다짐했겠죠. 새로운 아이가 태어나면 잘 보살펴주기로요.

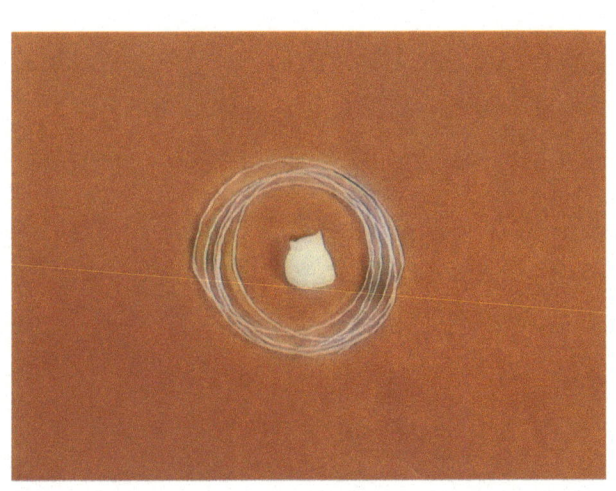

내 말 좀 들어달라고요!!

재영이는 엄마한테 혼났어요. 동생 괴롭혔다고요. 동생이 먼저 재영이 장난감 부셔서 소리친 건데 동생이 운다고 재영이만 혼냈어요. 재영이 말도 안 들어보고요. 너무 슬프고 억울해서 재영이는 방으로 들어가 혼자 울었어요. 그때 노크 소리가 났어요.

"똑똑똑"

재영이는 엄마겠지 하고 생각했어요.

'문을 잠근 것도 아니고 그냥 들어오면 돼지 왜 노크하는 걸까'

이렇게 생각하고 있는데 또 소리가 났어요.

"똑똑똑"

'아까는 뭐 잡을 듯이 혼내더니 벌써 위로 해주러 온 건가'

재영이는 마지못해 방문을 열었어요. 그런데 재영

이는 깜짝 놀랐어요. 눈앞에 화려한 세계가 펼쳐져 있는 거예요. 그리고 저 옆에 공중전화가 보였어요. 공중전화에 다가가니 벨이 울려요.

"따르릉따르릉"

재영이는 두려움 반 호기심 반으로 공중전화에 다가갔어요. 그리고 수화기를 들었어요. 수화기 너머에서 재영이가 좋아하는 음악 소리와 함께 누군가 말을 걸었어요.

"재영아, 안녕. 나는 무슨 얘기든 들어주는 요정이야. 내게 하고 싶은 말 다 해봐."

재영이는 조금 당황스러웠지만 자기 또래의 맑고 포근한 여자아이 목소리에 끌리어 더듬더듬 얘기를 시작했어요.

"아까 엄마한테 혼났어. 왜 혼났냐면..."

처음에는 긴장해서 천천히 조용조용 얘기했지만 요정의 웃음소리와 긍정적인 리액션에 어느샌가 친한 친구에게 말하듯이 큰 소리로 입에 침을 튀기며 얘기했어요. 말하다 보니 다른 말 할 거리도 생각났어요. 지난번 친구와 싸웠던 얘기와 아빠한테 서운했던 것까지요. 생각난 김에 요정에게 다 털어놓았어요. 요정은 끝까지 집중해서 들어주었지요.

 말하고 나니 속이 다 시원한 재영이에요. 마음속이 후련했어요. 이때 퍼뜩 드는 생각이 있었어요. 누군가한테 속에 있는 말을 털어놓았을 때 기분이 좋아진다는 것을요.

 "요정아, 너는 내게 할 말 없어?"

 재영이의 말에 요정은 흐뭇한 웃음소리와 함께 대답했어요.

 "너도 친구들 말 잘 들어주는 아이가 되렴."

생각 주머니

 6살 하영이는 그림 그리기를 좋아해요. 하얀 종이에 마음속 생각을 잔뜩 그리고 색칠하면 하나의 작품을 만든 느낌이에요.

 오늘도 하영이가 변함없이 거실의 6인용 책상에 앉아 그림을 그리고 있었어요. 하얀 종이에 작은 도형을 잔뜩 그리고 있는 하영이를 보며 엄마가 물었어요.

 "하영아, 이건 뭐 그린 거야?"

 하영이는 엄마에게 웃으며 대답했어요.

 "비밀, 다 그리고 얘기해줄게."

 엄마는 하영이의 머리를 쓰다듬으며 옆에 나란히 앉아 책을 읽었어요. 책을 읽으면서도 힐끗힐끗 하영이의 그림을 쳐다봤어요. 하영이가 과연 어떤 그림을 그리고 있는지 궁금했거든요.

 드디어 작은 도형 위에 색칠을 하기 시작했어요. 빨

간색, 파란색, 노란색 등 다양한 색깔들을 칠했어요. 어느새 엄마도 책은 덮어두고 하영이의 그림을 보고 있어요.

드디어 그림이 완성되었어요. 하영이는 그림을 손에 들고 환하게 웃으며 의기양양하게 엄마에게 내밀었어요. 엄마는 그림을 보며 얘기했어요.

"우와, 하영이 그림 잘 그렸네. 그런데 뭐 그린 거야. 엄마는 잘 모르겠네."

하영이는 웃으며 말했어요.

"에이, 엄마는 그것도 몰라. 머리 염색한 사람들이 줄 서 있는 거야. 위에서 보니깐 예쁘지?"

엄마는 속으로 놀랬어요.

"아, 그런 뜻이 있었구나. 하긴 하영이가 머리 스타일에 관심이 많지."

엄마는 하영이를 꼭 끌어안았어요.

"어쩜 하영이는 이렇게 생각이 기발해. 누굴 닮았어?"

하영이가 엄마 귀에 대고 속삭였어요.

"내가 기발한 건 다 이유가 있지."

엄마도 하영이 귀에 대고 소곤소곤 물었어요.

"그게 뭔데?"

하영이는 엄마 얼굴을 쳐다보고 씩 웃었어요.

"나는 남들에게 없는 생각 주머니가 있거든. 거기서 하나씩 꺼내 오는 거야."

엄마는 웃음이 빵 터졌어요. 그리고 하영이의 볼에 뽀뽀를 해주며 생각했어요. 생각 주머니. 내게도 그런 게 있었던 거 같은데...

받아쓰기 꼴찌에서 일등까지

7살 준이는 아직 한글을 몰라요. 다른 친구들은 동화책을 읽고 글도 쓸 줄 아는 반면에 준이는 가나다라를 공부하고 있어요. 그렇다고 준이가 한글 공부를 늦게 시작한 것도 아니에요. 꾸준히 학습지를 하였지만 지금까지는 크게 공부에 흥미를 느끼지 못했던 거예요. 엄마와 아빠도 그러려니 해요. 언젠간 하겠지 하는 생각이 들었던 거죠.

그러던 어느 날, 준이가 유치원에 갔다 와서 책상에 앉아 한글 공부를 해요. 엄마는 이 광경이 신기하고 대견해서 준이에게 물었어요.

"준이야, 유치원에서 무슨 일 있었어?"

준이는 한글 학습지에 시선을 집중한 채 엄마에게 대답했어요.

"오늘 유치원에서 받아쓰기 시험 봤는데 꼴찌 했어

요. 나도 100점 맞고 싶어요."

그 말을 들은 엄마는 빙그레 웃으며 준이의 머리를 쓰다듬어 주었어요.

"그래, 이제 시작인데. 지금부터 해도 늦지 않아. 준이야 화이팅."

그리고 준이 옆에 앉아 한글 공부를 도와줬어요. 같은 단어를 쓰고 또 쓰고를 반복하며 준이는 열심히 공부했어요. 저녁에 유치원 가방에서 엄마는 준이의 받아쓰기 시험지를 찾았어요. 총 10개 문제에서 모음을 잘못 써서 아쉽게 틀린 문제가 몇 개 있었지요. 엄마는 생각했어요. 모음을 좀 더 열심히 가르쳐야 되겠다고요.

며칠이 지난 후 준이는 헐레벌떡 거친 숨을 들이쉬며 뛰어왔어요.

"엄마, 나 받아쓰기 100점 맞았어요."

의기양양하게 시험지를 들고 온 준이는 엄마 품에 안겼어요. 그러자 엄마는 준이를 꼭 안아주었어요.

"거봐, 할 수 있잖아. 잘했어."

준이는 신이 나서 시험지를 계속 흔들어 댔어요. 엄마도 아들이 100점을 맞으니 기분이 정말 좋았어요.

다음날 엄마는 유치원에 준이를 데려다주면서 선생님에게 살짝 물어봤어요.

"어제 받아쓰기 100점 맞은 애들 많이 있나요?"

그러자 선생님이 손으로 입을 가리고 작은 목소리로 대답하셨어요.

"어제 한 친구 빼고 모두 100점이에요. 시험 보기 전에 나올 문제를 가르쳐 줬어요. 아이들에게 자신감을 심어주려고요."

이 말을 들은 엄마는 빙그레 웃으며 유치원에 고마워했어요. 그 덕분에 준이는 진짜로 한글 공부에 자신감을 가졌거든요. 준이는 그날 저녁 혼자서 동화책 읽기에 도전했어요.

앞이 안 보여요

추운 겨울 아침. 학교 가던 진이는 눈앞이 뿌예졌어요. 안경에 서리가 꼈거든요. 감기로 마스크를 쓰다 보니 뜨거운 입김이 마스크 위로 올라가 안경에 서리를 만들었어요. 앞이 안 보이니 횡단보도를 건널 때나 도로를 걸을 때 여간 신경 쓰이는 게 아니에요.

하마터면 지나가던 자전거와 부딪힐 뻔도 했어요. 진이는 앞에서 오는 자전거를 보지 못했고, 자전거 타던 아저씨도 진이를 제대로 보지 못한 거예요. 놀란 가슴을 진정시키며 급한 대로 손으로 안경을 닦았어요. 엄마는 안경에 기스 난다고 손으로 닦지 말라고 했지만 이렇게 위험한 상황에 그게 대수냐고 생각하는 진이에요.

그러나 얼마 안 있어 또다시 안경에 서리가 꼈어요. 닦으면 또 끼고, 닦으면 또 끼고를 반복하니 이제 진이도 슬슬 짜증이 나기 시작했어요. 그때 저쪽에서 누군가 손을 흔들었어요. 누군지 몰라 가까이 가보니 같은 반 친구 영이에요.

영이는 진이의 어깨를 툭 치며 말했어요
"진이야, 뭔 일 있어? 왜 얼굴을 찡그리고 있어?"
진이는 대답했어요.
"자꾸 안경에 서리가 껴서 앞이 안 보여. 어떻게 해야 할지 모르겠어."
그러자 영이가 골똘히 생각하더니 한마디 해요.
"그럼 안경 벗어."
진이는 깜짝 놀랐어요. 처음 그 말을 듣고는 영이가 장난으로 말하는 것 같았어요. 그런데 생각해 보니 기발한 아이디어예요. 안경을 벗어도 앞이 아예 안 보일 정도로 눈이 나쁜 것은 아니었으니깐요. 정말로 안경을 벗으니 지금까지의 불편함이 싹 가셨어요. 오히려 앞이 환하게 보이며 속이 다 훈련해졌어요.

진이는 깨달았어요. 앞을 잘 보려고 쓰는 안경이 도리어 앞을 가릴 수도 있다는 것을요. 그리고 안경을 꼭 써야만 한다는 고정관념이 참 무섭다는 것도 알았어요. 영이가 말 안 해줬으면 학교 도착할 때까지 불안에 떨며 위험했을 거예요.

  진이는 영이에게 말했어요.

  "영이야, 고마워. 너 아니었으면 진짜 큰일 날 뻔했어."

  영이는 별것도 아니라는 듯이 씩 웃으며 커다란 책가방을 내밀었어요.

  "고마우면 학교까지 들어줘."

마법 상자

801동 302호에는 더러운 옷을 깨끗하게 해주는 마법 상자가 있어요. 사람들은 그 상자를 세탁기라고 불렀지요. 아이들은 밖에 나가 물웅덩이에서 첨벙첨벙 마음껏 뛰어놀았어요. 왜냐하면 마법 상자가 모든 것을 깨끗하게 해줬으니깐요.

그런데 정작 세탁기는 고민이 생겼어요. 젊었을 때는 어떤 빨래가 들어와도 씽씽 돌리며 깨끗하게 빨았는데 나이를 먹으니 돌리는 게 여간 힘든 게 아니에요. 아이들은 그것도 모르고 계속 빨랫감을 만들어요.

어느 날, 보통 때와 같이 빨래를 돌리고 있는데 속도가 점점 느려짐을 느꼈어요. 세탁기는 온몸에서 힘을 짜내며 힘겹게 돌렸지요. 속도가 느려지면 빨래를 깨끗하게 빨 수가 없거든요. 겨우겨우 빨래를 마친 후 쉬고 있는데 아이들 엄마가 다가오더니 커다란 이불을 넣기 시작해요. 세탁기는 울먹이며 외쳤어요.

"조금만 쉬었다 하면 안 될까요. 저 너무 힘들어요."

그러나 세탁기의 말을 어떻게 사람이 알아듣겠어요. 아이들 엄마는 이불을 다 넣고 스타트 버튼을 눌렀어요. 세탁기는 커다란 이불을 끙끙대며 돌리기 시작했어요. 이불이 어찌나 무거운지 잘 돌아가지도 않아요.

울면서 빨래를 돌리는 세탁기. 몸도 아프고 자신의 마음을 몰라줘서 슬프기까지 해요. 결국 세탁기는 멈추고 빨간색 비상램프가 켜졌어요. 비상램프는 사람들에게 자신이 힘들다고 알리는 그들만의 언어예요.

세탁기가 멈춘 소리에 아이들 엄마가 다가왔어요. 그리고 비상램프에 빨간색 불이 들어와 있는 것을 발견했지요.

"아, 너무 세탁기가 오래돼서 고장 났나. AS 기사님을 불러야겠네."

세탁기는 의사 선생님을 부른다는 말에 좀 안도가 됐어요. 그동안 좀 쉴 수 있겠구나. 그리고 진찰받으면 어디가 아픈지 정확히 알 수 있을 것 같았어요. 그러면서도 살짝 걱정도 돼요.

'너무 오래됐다고 못 고치는 것은 아니겠지. 이러다 버려지는 건 아닐까.'

한참 후 AS 기사님이 오셨어요. 이곳저곳 세탁기를 만지시더니 진단을 내렸어요.

"세탁기가 오래돼서 밸브가 늘어났네요. 이것만 새 걸로 바꾸시면 될 것 같아요."

의사 선생님의 말에 세탁기는 안도의 한숨을 내쉬었어요. 밸브만 바꾸면 다시 돌 수 있다고 하니 힘도 났고요. 드디어 밸브 이식 수술이 진행되고 세탁기는 다시 새롭게 태어났어요.

'의사 선생님, 감사합니다. 앞으로 열심히 빨래할게요.'

AS 기사님이 가자마자 아이들 엄마는 다시 빨래를 돌리기 시작해요. 못다 한 커다란 이불 빨래를요.

5장.

사랑해. 사랑해.
너를 사랑해.

이 좋은 곳을 왜 이제 데려왔어요.

 넓게 펼쳐진 푸른 들판. 그곳에서 준이는 한참을 뛰어다녀요. 준이보다 빠르게 뛰어다니는 방아깨비를 잡으려고요. 눈을 돌리면 곳곳에 방아깨비가 폴짝여요.
 "아빠, 쟤 좀 잡아봐. 너무 빨라."
 손바닥만 한 방아깨비가 하늘을 날아다녀요. 아빠는 잡기는커녕 고개를 숙여 피했어요. 방아깨비가 날개를 쫙 펼치니 무섭기까지 해요.
 "저걸 내 거 어떻게 잡냐. 네가 잡아봐."
 곤충을 싫어하는 아빠는 준이가 건네준 채집통을 들고 있는 게 다예요. 방아깨비를 손으로 잡는다는 것은 생각할 수도 없는 일이에요. 채집통 안은 이미 방아깨비로 꽉 차있어요. 그만 잡아도 될 것 같은데 준이는 신나서 펄쩍펄쩍 뛰어다녀요.
 준이와 아빠는 시골 친척 집에 놀러 왔어요. 평소에

시골 가볼 기회가 없었던 준이는 이곳이 마냥 즐겁고 재밌어요. 아파트 앞 잔디밭에서 어쩌다 한 마리 찾았던 방아깨비가 여기에서는 고개만 돌리면 있어요. 여기서 폴짝, 저기서 폴짝. 뭐부터 잡아야 할지 모르겠어요. 준이는 아빠에게 말했어요.

"아빠, 이 좋은 곳을 왜 이제 데려왔어요."

아빠는 준이의 밝은 표정과 해맑은 모습을 보니 흐뭇했어요. 데려오기 잘했다는 생각과 함께요. 그때 준이 또래의 아이들이 다가왔어요.

"우리 숨바꼭질할 건데 같이 할래?"

준이는 얼른 고개를 끄덕였어요. 숨바꼭질은 준이가 좋아하는 놀이 중 하나예요. 특히 혼자가 아니라 친구들과 같이 해서 더 재밌어요. 동네 아이들과 스스럼없이 같이 노는 준이는 행복해 보였어요.

그날 저녁. 옥수수를 먹으며 준이는 엄마와 아빠에게 오늘 뭐 하고 놀았는지 신나게 얘기했어요. 그리고 새로 사귄 친구들 얘기도 했고요. 옆에서 듣고 있던 이모와 삼촌도 준이의 얘기에 재밌어했어요. 이때 아빠가 준이에게 물었어요.

"준이야, 여기 좋아?"

"응, 여기 너무 좋아."

"그럼 너 여기서 살래?"

순간 정막이 흘렀어요. 엄마 아빠를 포함하여 이모와 삼촌도 준이의 입을 바라봤지요. 어떤 대답이 나올지 궁금했거든요. 잠시 후 준이는 골똘히 생각하더니 한마디 했어요.

"방아깨비가 겨울에도 있으면."

ㄱ + ㄴ ?

 5살 송이가 한글판 앞에 앉아 있어요. 누가 시키지도 않았는데 오빠 하는 것을 보면서 따라 해요. 이런 모습을 보고 있던 엄마가 한마디 했어요.
 "송이야, 한글 공부 재밌어?"
 엄마의 물음에 송이는 고개를 끄덕였어요.
 "응. 나 한글 공부해서 내가 보고 싶은 책 혼자 다 볼 거야."
 이 말에 엄마는 송이의 머리를 쓰다듬었어요. 귀엽기도 하면서 누구 닮아서 저러나 싶기도 했어요. 이때 초인종 소리가 울리며 아빠가 오셨어요.
 "아빠, 나 한글 공부 많이 했어."
 송이는 아빠에게 자랑했어요. 아빠는 송이를 번쩍 안아 들으며 물었어요.
 "우와, 오늘 배운 거 말해줄 수 있니?"

송이는 아빠의 손을 잡고 벽에 걸린 한글판으로 갔어요. 그리고 의기양양하게 말했어요.

"아빠, ㄱ + ㄴ이 뭔지 알아?"

아빠는 무슨 소린지 모르겠다는 표정이에요. 엄마를 쳐다봐도 잘 모르겠대요.

"아빠는 잘 모르겠네. 송이는 알고 있어?"

"나야 당연히 알고 있지. 내가 가르쳐줄까?"

아빠는 웃으며 고개를 끄덕였어요.

"어, 가르쳐줘. 너무 궁금해."

송이는 한글판에서 자음 하나를 골라 자석판에 철썩 붙였어요. 그리고 큰 소리로 말했어요.

"ㅁ이야. 이제 알겠지?"

송이의 대답에 엄마 아빠 모두 웃었어요. 대충 알고는 있었지만 당당하게 말하는 송이가 정말 귀여웠거든요.

"송이야, 그거 누가 가르쳐줬어?"

아빠의 물음에 송이는 대답했어요.

"오빠가."

8살 오빠의 장난에 오늘도 송이네 집은 웃음바다가 되었답니다.

솔방울과 도넛

화장실에서 아까부터 끙끙 소리가 들려요. 화장실 문을 여니 숙이가 변기에 앉아 인상을 잔뜩 찌푸린 채 힘을 주고 있어요. 엄마를 본 숙이가 울상으로 말했어요.

"엄마, 똥구멍에 똥이 박혔어. 안 나와."

숙이의 말에 엄마는 어떡해야 하나 안타까우면서도 웃겼어요. 저 어린것이 세상의 모든 짐을 짊어진 것 같은 표정을 하고 있으니 말이에요.

"똥이 안 나올 때는 물을 많이 마셔야 돼."

엄마는 숙이에게 물 한 컵을 줬어요. 유산균과 함께요.

"이거 먹으면 금방 나올 거야. 우리 딸 힘내."

숙이는 엄마가 준 유산균과 물 한 컵을 들이켜고 다시 힘을 주기 시작했어요. 나올 듯 말 듯 똥은 안 나왔어요. 그리고 끝에서 전해져 오는 아픔이 느껴지기 시작했어요. 숙이는 결국 울면서 얘기했어요.

"엄마, 배는 아픈데 똥이 안 나와. 어떡해."

엄마는 숙이의 배를 주무르면서 기도했어요.

"하나님, 숙이 배에서 똥이 쑥 나오게 해 주세요."

그러고는 전자 그림판을 주며 말했어요.

"숙이야, 너 간식 뭐 좋아하지?"

"도넛"

"그럼 이 전자 그림판에 도넛을 꽉 채워봐. 그러면 똥이 쑥 나올 거야. 그리고 엄마랑 도넛 먹으러 가자."

이 말에 숙이는 변기에 앉아 열심히 도넛을 그렸어요. 큰 도넛, 작은 도넛, 다양한 사이즈의 도넛을 그리다 보니 어느새 숙이는 똥이 박힌 것을 까먹었어요.

그림판에 도넛이 꽉 찰 때쯤, 엄마가 숙이의 배를 살짝 누르며 외쳤어요.

"힘줘."

그러자 변기로 '퐁' 소리와 함께 솔방울 모양의 거대한 똥이 나타났어요.

"엄마, 배가 시원해. 이제 안 아파."

숙이의 만족스러운 표정에 엄마도 해맑게 웃었어요. 딸이니깐 이러고 있지 참 별걸 다 한다 생각하면서요.

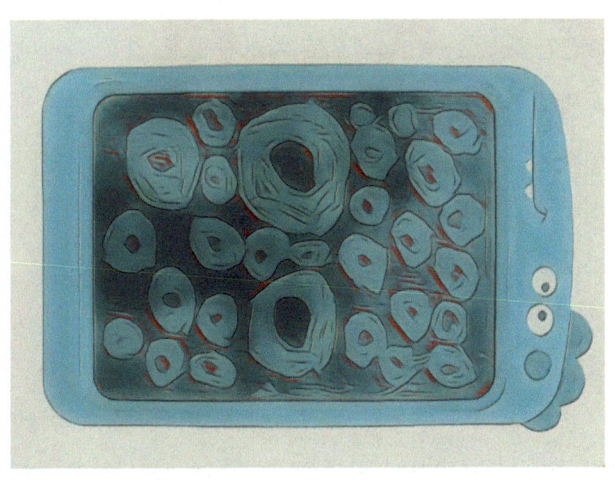

꼬마 단풍잎의 소풍

 빨간색, 노란색, 녹색으로 예쁘게 물든 가을 나라에 꼬마 단풍잎이 살았어요. 꼬마 단풍잎은 가을 나라에서 사는 것이 너무 심심했어요. 맨날 반복되는 일상이 지루했던 거예요. 비가 주룩주룩 오던 어느 날 꼬마 단풍잎은 결심했어요.
 '여기도 좋지만 나는 좀 더 넓은 곳에서 다른 세상을 보고 싶어.'
 그래서 꼬마 단풍잎은 어떻게 하면 여기를 벗어날 수 있을까 궁리하기 시작했어요. 한참을 생각하는데 아래로 뭔가 빠르게 지나갔어요. 아래를 내려다보니 사람들이 타고 다니는 기차가 보였어요.
 '아하, 저기에 매달려서 여기를 탈출해야지.'
 다음 기차가 왔을 때 꼬마 단풍잎은 용기를 내어 나뭇가지에서 있는 힘껏 뛰어내렸어요. 그런데 오랜 친구인 나뭇가지가 꼬마 단풍잎을 꼭 잡고 있어요.

"놔줘, 난 더 큰 세상이 보고 싶어."

그러자 나뭇가지가 대답했어요.

"꼬마야, 여기가 재미없어 보이지만 그만큼 평안한 곳이야. 가면 후회할지도 몰라."

그건 맞는 말이였어요. 꼬마는 나뭇가지가 보내주는 맛있는 영양분을 먹으며 평안한 하루하루를 보내고 있었거든요. 하지만 꼬마 나뭇잎은 한번 마음먹은 이상 떠나야겠다고 생각했어요. 그래서 나뭇가지에게 말했어요.

"지금까지 날 보살펴줘서 고마워. 하지만 이제는 내 마음을 돌릴 수 없어. 안녕."

그리고 나뭇가지의 손길을 힘껏 뿌리치며 앞에서 달려오는 기차로 뛰어내렸어요. 찰싹. 꼬마 단풍잎은 기차 유리창에 달라붙었어요. 시원한 바람을 맞으며 가을 나라를 달리니 기분이 정말 상쾌했어요. 더 큰 세상이 펼쳐지는 것 같았어요.

그런데 계속 달리다 보니 꼬마 단풍잎은 알았어요. 자신이 있던 곳이나 눈에 보이는 광경이나 똑같다는 것을요. 가을 나라는 자신이 생각했던 것보다 훨씬 크고 아름다웠어요. 하지만 꼬마 단풍잎이 맨날 보던 환경과 별 차이는 없었지요. 차이가 있다면 항상 자기를 보살펴줬던 나뭇가지가 옆에 없다는 것이죠.

꼬마 단풍잎은 벌써부터 듬직한 나뭇가지가 그리웠어요. 그리고 기차 창문에 붙어 비바람을 맞고 있으니 온몸이 추위로 떨려왔어요.

이렇게 후회하며 한참을 달리는 데 익숙한 풍경이 눈에 들어왔어요. 자세히 보니 꼬마 단풍잎이 살던 동네가 보이는 거예요. 저 멀리 나뭇가지가 손을 흔들고 있었어요. 알고 보니 이 기차는 가을 나라를 빙빙 도는 순환 열차였던 거예요.

꼬마 단풍잎은 온몸의 힘을 짜내어 나뭇가지를 향해 힘껏 뛰었어요. 비에 젖은 몸이 유리창에 붙어 잘 안 떨어졌지만 다시 돌아가고 싶은 꼬마 단풍잎의 마음을 이길 수는 없었어요.

드디어 원래 있던 곳으로 돌아온 꼬마 단풍잎은 일상의 소중함에 감사하며 나뭇가지와 행복하게 살았답니다.

이건 어른들 거야!!

5살 송이는 엄마, 아빠와 함께 고깃집에 갔어요. 오랜만에 하는 외식이라 모두 마음이 들떠 있어요.

엄마와 아빠는 메뉴판을 보며 무엇을 먹을까 궁리했어요. 그때 송이가 끼어들었어요.

"내가 골라 볼 거야. 나도 같이 봐."

아빠는 흐뭇하게 웃으며 메뉴판을 송이에게 내밀었어요.

"그래, 송이야. 네가 골라봐. 대신 뒷장으로는 넘기지 마. 거긴 너무 비싸."

아빠의 말에 엄마도 활짝 웃었어요. 주문 후 테이블이 세팅되었어요. 송이는 테이블 위의 반찬들을 보며 신기해했어요. 못 보던 반찬들이 많았거든요. 그때 한 곳에 시선이 집중되었어요. 무슨 멜론맛 아이스크림같이 생긴 반찬이 예쁘게 놓여 있는 그릇이었어요.

"엄마, 저건 뭐야?"

송이가 가리킨 것은 고기 먹을 때 찍어 먹는 겨자였어요. 그 그릇에는 겨자를 비롯해서 소금, 명란젓 등이 있었지요.

"저건, 어른들 거야. 너는 맵고 짜서 못 먹어."

이 말에 송이는 엄마에게 눈을 흘기며 말했어요.

"엄마, 나 못 먹게 하려고 그러는 거지. 나도 먹어 볼 거야."

엄마는 송이에게 웃으며 얘기했어요.

"진짜야. 저거 먹으면 아마 너 울걸. 맛없어."

송이는 엄마가 자기 못 먹게 하려고 거짓말하는 줄 알아요. 저번에도 이상한 막대기를 먹길래 달라고 했더니 이건 어른들 거라 못 먹는다고 했거든요. 그래서 안 먹었는데 얼마 전 친구가 한 입 줘서 알았어요. 엄마가 거짓말했다는 걸요. 그 이상하게 생긴 막대기는 초콜릿이었죠.

송이는 울면서 떼를 쓰기 시작했어요. 그러자 옆 테이블의 손님들이 쳐다봤어요. 엄마는 난처해했고 아빠는 웃었어요. 송이가 계속 떼를 쓰자 아빠는 송이를 쳐다보며 차분히 말했어요.

"송이야. 그럼 한 입만 먹는 거야."

송이는 아빠의 말에 울음을 그쳤어요. 그러고는 숟가락을 집어 멜론 맛 아이스크림같이 생긴 겨자를 한 스푼 떴어요. 엄마는 놀랐지만 아빠는 웃으면서 가만히 있었죠. 송이는 엄마, 아빠를 한번 보더니 의기양양하게 웃으며 입으로 가져갔어요.

잠시 후 송이는 어떤 표정을 지었을까요?

지구가 독감에 걸렸어요

8살 지원이는 독감에 걸렸어요. 몸에서 열이 나는지 힘들어서 침대에 누워있어요. 옆에서 엄마는 지원이의 체온을 측정했어요. 38도예요.

"지원아, 많이 힘들어?"

"엄마, 몸에 힘이 없고 머리가 어지러워. 입에서 뜨거운 바람도 나와."

평소 같으면 방방 뛰어다녔을 지원이가 힘없이 누워있으니 엄마는 마음이 안쓰러웠어요. 해열제 먹고 푹 자라고 얘기하며 방을 나왔지만 지원이는 계속 뒤척였어요. 몸에서 열이 나니 잠자기도 힘든가 봐요.

저녁이 되어 초인종 소리가 나고 아빠가 회사에서 돌아오셨어요. 그때까지도 지원이는 못 자고 뒤척이고 있었어요. 아빠는 걱정이 되었는지 지원이의 이마를 손으로 짚으며 물었어요.

"지원아, 열이 나니깐 힘들지?"

"엉. 너무 힘들어."

"1도 차이가 이렇게 큰지 이번에 잘 알았겠네. 저번에 지구온난화가 뭐냐고 물어봤지? 이거랑 같아. 지구 온도가 올라가는 거야. 우리 몸도 1도 올라가면 이렇게 힘든데 지구도 1도 올라가면 힘들겠지?"

"맞아, 지구도 많이 힘들 거야. 평소에는 생각 못 했는데 이번에 확실히 알았어."

아빠는 지원이 옆에서 냉수 찜질을 해줬어요. 열이 많이 나는 이마와 겨드랑이를 열심히 물수건으로 닦아주었죠. 잠시 후 아빠의 냉수 찜질과 해열제로 인해 지원이의 체온은 조금 내려갔어요.

"아빠, 이제 37.5도야. 0.5도 내려갔는데 몸이 좀 개운해졌어."

"그렇지. 조금만 내려가도 좀 편할 거야. 다행이다."

"지구도 체온을 좀 내려줘야 할 거 같아. 조금만 내려가도 이렇게 편한데. 지금 얼마나 힘들까."

"우리 지원이 다 컸네. 빨리 나은 다음에 우리 지구 체온 내리는 방법같이 생각해 보자. 잘 자."

그날 밤 지원이는 꿈을 꿨어요. 지구가 아파서 누워

있어요. 가까이 가보니 열이 펄펄 나요. 지원이가 물었어요.

"지구야, 많이 아파?"

"몸이 너무 뜨거워. 누가 나 좀 식혀줬으면 좋겠어."

지원이는 지구를 꼭 안아주며 말했어요.

"내가 식혀줄게. 너보다 체온이 낮은 내가 안아주면 조금이라도 시원해질 거야."

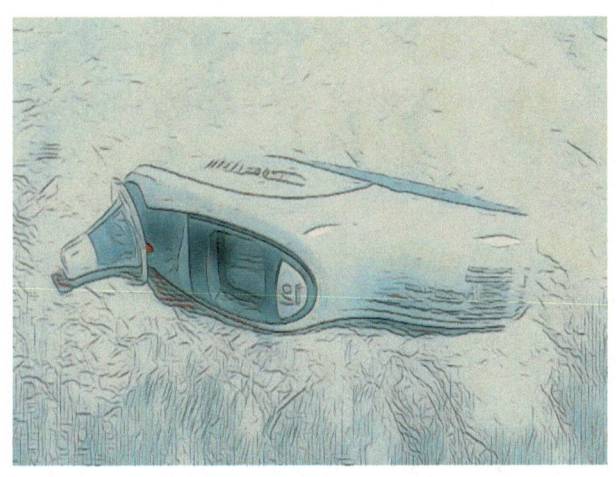

공원 마녀의 머리카락

 도심 속 공원 숲에 나무 한 그루가 살았어요. 여름에는 푸른 잎이 풍성하여 젊음을 뽐어냈지만, 겨울이 되면 잎이 다 떨어져 폭삭 늙어 보였어요. 지나가는 아이들은 나무를 보며 마녀라고 놀려댔어요. 잎이 떨어진 나무는 차가운 느낌의 앙상한 줄기를 머리카락처럼 휘감은 채 지내야 했지요.

 "난 겨울이 되면 너무 슬퍼. 아이들이 마녀라고 놀려대."

 나뭇가지에 앉은 참새에게 자신의 이야기를 말하자 참새가 얘기했어요.

 "뭐 어때. 곧 봄이 되면 풍성한 잎이 돋아날 텐데."

 "그때까지 어떻게 기다리지. 지금은 이런 모습으로 살아야 되잖아."

 잠시 생각하던 참새가 말했어요.

"어쩔 수 없지. 자연의 섭리잖아."

"난 너무 슬퍼. 내가 무슨 잘못한 일이 있어 벌을 받는 건가."

"아니야, 그건 네 탓이 아니야. 네가 원해서 그렇게 된 것도 아니고. 그냥 마음 편히 가져."

나무는 참새와 대화하면서 지난 세월을 돌아보았어요. 푸른 잎이 돋아날 때면 사람들은 자기를 찾았어요. 자신의 그늘 아래 앉아 이런 얘기 저런 얘기 하며 뜨거운 햇빛을 피했지요. 하지만 앙상한 줄기만 남고 잎이 다 떨어지면 사람들은 찾아오지 않았어요. 도리어 지나가다 눈살을 찌푸리기도 하였어요. 못 볼 것을 보았다는 듯이.

"참새야, 고마워. 그래도 네가 옆에 있어 줘서 덜 외로워."

잎이 있을 때나 없을 때나 함께 해준 참새에게 나무는 새삼 고마움을 느꼈어요. 참새는 쑥스러운지 땅을 쳐다보며 씩 웃었어요. 그러더니 갑자기 어디론가 날아갔어요.

"참새야, 어디가?"

"잠시 다녀올 데가 있어."

참새는 훨훨 날아가더니 곧 돌아왔어요. 친구들과 함께요. 나무의 앙상한 줄기에 어느새 참새들이 꽉 찼어요. 그리고 짹짹짹 합창을 하기 시작했어요. 꼭 나무를 위로하기 위한 노래인 것 같았어요.

"우리가 네 옆에 있으니 힘내."

나무는 그 말을 듣고 눈시울을 붉혔어요.

"고마워. 너희는 정말 좋은 친구야."

잘 나갈 때나 어려울 때나 옆에 있어 주는 것이 친구임을 깨닫는 나무예요.

생명이 자라났어요

    5살 설이는 오늘 유치원에서 토마토 씨앗을 받아왔어요. 집에 온 설이는 엄마에게 손을 내밀었어요.
    "엄마, 내 손안에 생명이 있어. 새싹반 선생님이 잘 키우래."
    엄마는 설이에게 받은 씨앗을 예쁜 화분에 넣고 설이와 함께 관찰하기로 하였어요. 사실 설이는 궁금했어요.
    '저 씨앗이 어떻게 생명이지? 움직이지도 않는데. 저게 어떻게 쑥쑥 자라날까.'
    설이는 궁금증을 안고 잠들었어요. 다음 날 아침 일찍 눈을 뜬 설이는 기대 반 두 근 반 마음으로 화분에게 달려갔어요. 역시나 그대로예요. 전혀 변화가 없었어요. 설이는 살짝 기대했었거든요. 뭔가 흙 위로 자라나 있기를요.

유치원에 간 설이는 새싹반 선생님에게 물어봤어요.

"선생님, 선생님이 주신 씨앗 엄마가 화분에 심었는데 그대로예요. 이게 진짜 자라나요?"

선생님은 설이의 머리를 쓰다듬으며 대답했어요.

"설이야, 씨앗이 자라려면 조금 시간이 걸려. 그리고 아무 변화가 없는 것 같지만 씨앗은 지금도 조금씩 자라고 있어. 꼭 설이가 지금 이 순간에도 자라고 있듯이."

설이는 선생님 말씀을 듣고 곰곰이 생각했어요.

'아, 나도 지금 자라고 있구나. 매일 아침 거울 보면 그대로인 것 같은데.'

그날부터 매일 아침 설이는 유치원 가기 전에 화분에게 인사를 했어요.

"잘 잤어? 잘 자라고 있지? 나 유치원 갔다 올 동안 잘 있어."

그러던 어느 날, 설이는 깜짝 놀랐어요. 화분 위로 푸른 새싹이 돋아나 있는 거예요. 꼭 설이에게 말하고 있는 것 같았어요.

"짜잔, 설이야 안녕. 만나서 반가워."

설이는 너무 기쁘고 신이 났어요. 선생님 말씀대로

한 생명이 자라난 것을 눈으로 직접 확인했거든요. 설이는 화분을 두 손으로 소중히 감싸 잡으며 말했어요.

"새싹아, 사랑해. 앞으로 우리 친하게 지내자."

이 모습을 바라보고 있던 엄마는 흐뭇하게 미소를 지었어요.

그날 이후로 설이네 집에는 화분이 점점 늘어났고 엄마는 할 일이 많아졌답니다.

6장.

너와
나의 추억

응가 닦기가 무서워요

7살 재영이는 요즘 고민이 있어요. 그건 바로 응가 닦기예요. 지금까지는 응가하고 엄마를 부르면 와서 닦아 줬지만, 내년에 학교 가면 닦아줄 사람이 없어서 연습 중이에요.

하지만 닦기가 너무 어려워요. 자꾸 닦아도 깨끗하게 안 되고 손에 묻을까 봐 두려워요. 거기다가 덜 닦아서 팬티에라도 묻힐까 봐 겁도 나요. 연습 중에는 엄마한테 도와달라고 해도 직접 해보라며 지켜만 보고 있어요.

재영이는 슬펐어요. 내년에 학교만 안 가면 지금처럼 엄마가 닦아줘도 되지 않을까 하는 생각도 해보아요. 재영이는 유치원에 가서 단짝 친구에게 물어봤어요.

"너도 요즘 응가 닦기 연습 중이야?"
"응, 엄마가 직접 해보래. 근데 너무 힘들어."

재영이는 약간 안도의 한숨을 내쉬었어요. 자기만 힘든 게 아닌 것을 알았거든요. 다른 친구들에게도 물어보니 마찬가지예요. 초등학교 형 누나들이 대단해 보여요. 혼자서 화장실도 가고 응가도 닦고요.

이 말을 옆에서 듣고 있던 유치원 선생님이 재영이에게 다가오셨어요. 그리고 꼭 안아주시며 한마디 해 주셨어요.

"재영아, 응가 닦기 힘들지? 하지만 하다 보면 곧 익숙해질 거야. 그리고 처음 해보면 손에 좀 묻힐 수도 있어. 좀 묻으면 어때. 물로 씻으면 되지. 그러니 너무 겁먹지 마. 재영이는 잘할 수 있을 거야."

재영이는 유치원 선생님의 말에 자신감을 얻었어요. 그리고 그날부터 응가 닦는 것을 피하지 않기로 했어요. 솔직히 며칠 전부터 응가 닦기가 두려워 응가를 참고 있었거든요. 세 번 갈 것을 한 번만 가니 응가가 뱃속에서 단단해져 응가할 때 똥구멍이 너무 아팠어요. 그러다 보니 화장실을 더 안 가게 되었던 거 같아요.

재영이는 그날 저녁 응가 닦기에 도전했어요. 다른 때는 엄마에게 못 하겠다고 떼부터 썼지만 오늘은 달랐어요. 손에 좀 묻히더라도 용감하게 휴지를 떼어 닦기 시작했어요. 깨끗하게 닦였는지는 모르겠지만 그래도 혼자서 해낸 재영이.

엄마는 화장실에서 당당하게 나오는 재영이를 꼭 끌어안아 주었어요. 재영이가 엄마를 보며 당당하게 외쳤지요.

"엄마, 이제 응가 닦기가 무섭지 않아."

# 아무 말 대잔치

 4살 준이는 요즘 아무 말이나 내뱉어요. 어눌한 발음으로 들은 단어들을 조합하여 그냥 따라 해요. 아빠는 이것을 보며 신기해하기도 하고 깜짝깜짝 놀라기도 했어요.

 어느 날, 아빠가 준이에게 물어봤어요.

 "오늘은 어린이집에서 뭐 하고 놀았어?"

 그러자 준이가 대답했어요.

 "아빠, 먹고 싶어. 아이스크림. 젤리도."

 아빠는 황당했어요. 아니 동문서답도 유분수지 그냥 자기가 하고 싶은 말을 막지르고 있어요. 그래서 아빠가 다시 물어봤어요.

 "알았어, 아빠가 사줄게, 그런데 오늘은 어린이집에서 누구랑 놀았어?"

 그러자 준이는 골똘히 생각하더니 대답했어요.

"아빠, TV 나오는 거. 장난감. 갖고 싶어. 사줘.'

아빠는 생각했어요.

'아, 대화가 안 되는구나. 이제 말 좀 해서 대화가 될 줄 알았는데.'

아빠는 마냥 귀엽기만 한 아들을 바라보며 언제쯤 제대로 된 대화를 할 수 있을지 생각했어요. 옆에서 이 광경을 보고 있던 와이프가 웃었어요.

"자기는 안 그런 거 같지? 자기도 똑같아. 준이가 아빠 닮았네."

아빠는 와이프를 보며 어리둥절했어요.

"뭔 소리야? 내가 언제 그랬는데?"

"내가 물어보면 딴소리하잖아. 일부러 말을 돌리는 건지, 아니면 진짜 못 알아듣는 건지."

아빠는 웃음을 터트리며 준이를 번쩍 안았어요. 그러면서 준이에게 조용한 목소리로 속삭였어요.

"준이야, 이건 남자들이 살아가는 방법이야. 너도 이다음에 크면 알게 될 거야."

어른이나 아이나 남자들은 자기들이 원하는 것만 말하나 봐요.

하트 모양 달고나

5살 순이는 어린이집에서 달고나 봉지를 받아 왔어요.

"엄마, 이거 선생님이 엄마 아빠랑 해보래."

엄마가 봉지를 들여다보니 요즘 유행하는 달고나가 있어요. 하트 모양이 찍혀있는 달고나를 보며 엄마는 미소를 지었어요.

"순이야, 이거 이따 아빠 오시면 같이 해보자. 재밌겠네."

순이는 신이 나서 아빠가 빨리 오시기를 기다렸어요. 저녁이 되어서 아빠가 오셨어요. 순이는 현관으로 달려가 아빠에게 매달렸어요.

"아빠, 우리 집에 달고나가 왔어. 빨리해보자."

아빠는 뭔 소리인지 몰라 어리둥절했지만 순이를 꼭 안아주며 대답했어요.

"그래, 우리 집에 달고나가 왔구나. 아빠 얼른 손 씻고 같이 해보자."

 화장실로 들어가면서 눈빛으로 엄마에게 뭐냐고 물었어요. 엄마는 턱으로 식탁 위를 가리켰지요. 식탁 위에는 순이가 가지고 온 달고나가 놓여있었어요. 아빠는 이제야 알겠다는 듯한 표정으로 웃으셨어요.

 순이네 가족은 식탁에 둘러앉아 달고나를 바라봤어요. 드디어 아빠가 조심조심 달고나를 뜯기 시작했어요. 하트 모양은 생각만큼 쉽지 않았어요. 엄마와 순이는 숨을 죽이며 달고나를 쳐다봤지요.

 그때 뚝 소리가 들렸어요. 하트 모양이 반으로 쪼개지는 소리였어요. 순이는 순간 눈물을 글썽이며 방으로 뛰어 들어갔어요. 엄마는 허탈한 웃음과 함께 아쉽다는 듯이 아빠를 쳐다봤고요.

 당황스럽기는 아빠도 마찬가지였어요. 이걸 어떻게 해야 하나. 엄마를 쳐다보며 아빠도 한숨을 쉬었어요. 방에서 들리는 울음소리에 마음이 더 아파왔어요. 이게 뭐라고.

 다음 날 아침, 잠에서 깬 순이는 평소대로 시리얼을 먹기 위해 식탁에 앉았어요. 그런데 식탁 위에 뭔가 있어요. 바로 하트 모양 달고나예요. 너무 기쁜 나머지 순이는 외쳤어요.

"엄마, 아빠, 하트 모양 달고나가 살아났어."

그런 순이를 보며 엄마와 아빠는 지친 얼굴에 미소를 띠었어요. 부엌은 난생처음 사용해 본 달고나 재료들로 어질러진 채로요.

새소리를 찾아서

하늘에 양떼구름이 뭉게뭉게 피어있는 화창한 오후. 송이네 가족은 오랜만에 울창한 숲이 있는 생태공원으로 놀러 갔어요. 상쾌한 공기를 마시며 숲길을 걷고 있는데 어디선가 새소리가 들렸어요.

"엄마, 새들이 노래 부르나 봐. 한두 마리가 아닌 것 같은데."

"그러게. 요즘 말로 완전 떼창이네."

엄마도 새소리가 좋은지 걸음을 멈추고 들었어요. 그런데 새들은 보이지 않았어요.

"이상하다. 엄마, 새들이 안 보여. 요 근처에서 소리는 들리는데."

송이네 가족은 새소리에 귀를 기울이며 새들이 어딨는지 찾기 시작했어요. 아빠도 처음에는 관심이 없다가 송이와 엄마가 못 찾으니 슬슬 고개를 돌려가며 함께 찾기 시작했어요. 이곳저곳을 살펴보던 엄마가 외쳤어요.

"혹시 저거 아냐?"

새들한테 저거라고 표현해 어리둥절 한 송이는 엄마가 가리킨 곳을 쳐다봤어요. 거기에는 숲에서 흔하게 볼 수 있는 커다란 회색 돌이 놓여있었지요. 아빠가 가까이 다가가 잠시 보더니 웃기 시작했어요.

"우와, 감쪽같네. 돌 안에 스피커가 있을 줄이야."

송이도 가까이 다가갔어요. 자세히 보니 돌 형상의 스피커였지요.

"에이, 스피커였네. 어쩐지 새가 안 보이더라. 그런데 진짜 돌 같다."

송이는 신기한지 자세히 살펴봤어요. 그리고 손을 대본 순간 알았지요. 확연히 돌이 아니라 스피커라는 것을요.

"이제는 숲속에도 이런 게 설치되어 있네. 곳곳에서 들리는 새소리가 모두 스피커 소리는 아니겠지?"

엄마의 말에 아빠가 대답했어요.

"설마, 그건 아니겠지. 우리가 너무 깊게 본 거 같아. 아까 그냥 새소리 좋네 하고 지나갔으면 됐을 텐데."

그때 옆에서 듣고 있던 송이가 갑자기 외쳤어요.
"혹시 저 나무도 가짜 아냐?"

비누공주

화장실에 새로운 친구가 이사를 왔어요. 예쁜 드레스와 반짝반짝 빛나는 왕관을 쓴 비누공주에요. 비누공주는 어깨를 으쓱이며 세면대 위에 자리를 잡았지요. 화장실에서 가장 돋보이는 자리로요. 여기 살던 친구들은 비누공주가 궁금했어요.

"넌 어디서 왔니? 정말 예쁘다."

하지만 비누공주는 대꾸도 안 하고 가장 화려한 자리를 차지한 것에 만족감을 느꼈어요. 그리고 반짝이는 조명과 예쁜 비누 받침대가 좋았어요.

그런데 비누공주도 자신이 왜 존재하는지는 모르고 있었어요. 어느 순간 눈을 떠보니 캄캄한 곳에 몸이 비닐로 칭칭 감겨 있어요. 잠시 후 강한 빛과 함께 작은 상자가 열렸지요. 나와서 둘러보니 바로 여기 화장실인 거예요.

그때 화장실 문이 열리면서 개구쟁이 남자아이가 들어왔어요. 그 아이는 손에 물을 묻히더니 비누공주를 잡고 온몸을 비벼댔어요. 비누 공주는 미끌미끌 묘한 느낌을 받았지요. 그리고 몸이 녹으면서 거품이 나는 것을 보았어요. 신기하면서도 무서웠어요. 그 아이는 비누 거품으로 장난을 치다가 엄마가 간식 먹으라는 소리에 손을 씻고 나갔어요.

비누공주는 자신이 자랑했던 드레스 한쪽이 줄어든 것을 알았어요. 당황스러워 눈물이 나왔지요. 그러자 옆에 있던 나이 많은 수도꼭지가 측은하게 바라봤어요.

"아가야, 너는 비누란다. 사람들의 더러운 곳을 깨끗하게 해주는 역할을 하지. 하지만 사람들이 너를 사용할수록 너의 몸은 작아져서 결국 거품으로 사라질 것이란다."

비누공주는 너무 슬펐어요. 본인의 예쁜 모습에 만족해하는 것도 찰나였어요. 줄어든 드레스를 보며 앞으로 자기의 몸이 더 없어질 것을 생각하니 눈물이 솟구쳤어요.

수도꼭지가 다시 말했어요.

"하지만 너는 누구보다도 사람들이 필요로 하고 좋아한단다. 모든 사람들이 밖에 나갔다 오면 너부터 찾지. 너는 사람들의 몸에 묻어있는 병균을 씻겨줘서 아프지 않도록 도와준단다. 그러니 자부심을 갖으렴. 그리고 몸이 줄어든다고 아프지는 않아. 다행히 고통은 없으니 안심하렴."

비누공주는 처음의 교만했던 마음을 반성하며 사람들을 건강하게 해준다는 것에 감사함을 갖기로 다짐했어요. 그리고 살아있는 동안 화장실의 친구들과도 사이좋게 지내기로 마음먹었지요.

계란 안의 병아리 씨앗

 주말 아침, 5살 송이는 시끄러운 소리에 잠에서 깼어요. 부엌에 가보니 엄마가 믹서기를 돌리며 뭔가 만들고 있었어요.

 "엄마, 뭐해?"

 "송이야, 잘 잤니? 송이 주려고 맛있는 거 만들고 있지."

 송이는 엄마가 뭐 만드나 가까이 갔어요. 그 순간 깜짝 놀라 소리쳤어요.

 "엄마, 이거 달걀이잖아. 이거 깨뜨리면 어떡해?"

 엄마는 송이의 말에 의아해했어요.

 "이 안에 병아리 씨앗 있단 말이야."

 그제야 엄마는 이해가 된다는 듯이 웃었어요. 그런데 송이 표정이 심각했어요.

 "엄마, 이제 어떡할 거야? 엄마 때문에 병아리들 못

태어나면 어떡해."

엄마는 송이의 머리를 쓰다듬으며 얘기했어요.

"엄마가 사용한 달걀에는 병아리 씨앗이 없어. 요리할 때는 씨앗이 없는 것을 사용하고, 씨앗이 있는 것은 잘 보관했다가 병아리로 태어나는 거야."

엄마의 말에 송이는 안도의 한숨을 쉬었어요. 그리고 엄마를 꼭 껴안았어요.

"다행이야. 난 또 엄마가 병아리 죽인 줄 알고 깜짝 놀랐네."

송이는 믹서기 안의 깨진 달걀들을 보며 신기해했어요. 그러고는 다시 물었어요.

"엄마, 그런데 씨앗이 있는 것과 없는 것을 어떻게 구분해?"

순간 엄마는 생각했어요. 잘못 말하면 송이한테 거짓말한 게 들킬 거 같아서요.

"그건 말이지 달걀 색깔을 보고 구분해. 파란색 달걀은 씨앗이 있는 거고, 나머지 색깔은 씨앗이 없는 거야."

"아하, 그렇구나. 난 지금까지 파란색 달걀은 한 번도 본 적이 없는데. 엄마, 나도 씨앗이 있는 달걀 보고 싶어."

이 말에 엄마는 속으로 한숨을 쉬며 생각했어요.
'오늘 밤에 송이 재워놓고 남편이랑 물감 작업하겠네.'

난 겁쟁이가 아냐!!

 5살 수진이는 겁이 많아요. 재밌는 TV 만화를 보다가도 조금만 무서운 장면이 나오면 부엌에 있는 엄마에게로 달려가 뒤로 숨어요. 엄마는 이런 수연이가 정말 사랑스럽고 예뻐요.

 "수진아, 뭐가 그렇게 무서워? 그냥 TV 끌까?"

 그러자 수진이는 엄마를 보며 또박또박 얘기했어요.

 "엄마, 나 계속 볼 거야. 끄지 마."

 그러면서 다시 TV가 있는 거실로 나가요. 살금살금 기어서 무서운 장면이 지나갔나 확인하면서요. 다행히도 무서운 장면은 지나갔어요. 그러자 신나 하며 소파에 앉아 계속 TV를 보는 수진이에요.

 솔직히 엄마가 생각하기에 저게 진짜 무서운 장면인지 이해가 안 가요. 놀이동산에서 엄마랑 헤어지는 장면이 왜 무서운지 정말 모르겠어요. 엄마가 생각하기에 무서운 장면은 귀신이나 공포감을 조성하는 것들이거든요. 만화가 끝나고 엄마는 수진이에게 물어봤어요.

"수진아, 아까 놀이동산에서 엄마랑 아이가 헤어지는 장면 나왔잖아. 그게 왜 무서웠어?"

그러자 수진이는 엄마를 빤히 쳐다보며 대답했어요.

"그럼 엄마랑 헤어졌는데 안 무서워? 아이가 저렇게 우는데."

순간 엄마는 생각했어요.

'수진이에게는 저 상황 자체가 무서운 거였구나. 자신이 저 상황에 처한다고 생각하니 무서울 수밖에.'

이제야 수진이의 마음을 이해하는 엄마였어요. 자신의 입장에서만 생각했지 5살 아이의 입장에서는 생각을 못 했거든요. 엄마는 수진이를 꼭 안아주며 말했어요.

"그러게. 엄마가 생각이 짧았어. 저 아이가 얼마나 무서웠을까. 수진이는 그걸 공감한 거였구나."

수진이는 힘차게 고개를 끄덕였어요.

"맞아. 그래도 이제는 용기 내볼게. 난 겁쟁이가 아니니까."

그러면서 리모컨으로 다시 TV를 켜려는 수진이예요. 엄마는 웃음을 참으며 한마디 했어요.

"수진아, 오늘 TV 보는 시간 지났네. 내일 해보자."

얼렁뚱땅 TV 보겠다는 마음을 엄마가 모를 리 없네요.

콧구멍에 먼지가 가득해요

주일 아침, 일찍 일어난 4살 준이는 안방 침대 위로 올라갔어요. 그리고 엄마 아빠 사이에서 이리 뒹굴, 저리 뒹굴 하며 장난을 쳤어요. 준이의 장난에도 엄마 아빠는 꿋꿋하게 잠에서 안 깨려고 노력했지요. 이때 준이가 큰 소리로 외쳤어요.

"엄마, 아빠 콧구멍에 먼지가 가득해요."

큰 소리에 잠이 깬 엄마는 옆에 있는 준이를 꼭 안으며 무슨 말이냐고 되물었어요. 준이가 다시 외쳤어요.

"엄마, 큰일이에요. 아빠 콧구멍이 먼지로 꽉 차 있어서 아빠가 숨을 못 쉬는 거 같아요."

엄마는 무슨 말인가 아빠 콧구멍 안을 봤어요. 그랬더니 검은 코털로 꽉 차 있어요. 그 사이에는 코딱지도 보였어요. 아빠는 다 듣고 있었지만 꿋꿋하게 눈을 감고 있어요. 웃음을 꾹 참으면서요.

엄마는 너무 웃겨서 큰 소리로 웃었어요. 그리고 준이를 꼭 껴안았어요.

"준이야, 저건 먼지가 아니라 코털이야. 콧속에 침입하는 먼지를 막아줘. 머리카락이 머리를 보호하듯이. 너도 어른이 되면 생길 거야."

솔직히 아빠가 남들보다 코털이 많고 굵은 건 사실이에요. 그래서 코털 관리를 잘 안 해주면 금방 자라서 콧구멍 밖으로 삐져나와요. 그때 아빠가 일그러진 표정으로 준이를 바라보며 일어났어요.

"준이야, 아빠 어떡해. 콧속에 코털이 많아서 숨을 못 쉬겠어."

그러자 준이는 엄마를 바라보며 울상이 되었어요.

"거봐, 내가 뭐랬어요. 숨 못 쉴 거 같다고 했잖아요."

엄마는 아빠 등짝을 한 대 치며 말했어요.

"애 울잖아. 장난 그만 쳐. 그리고 준이야, 아빠 콧속 깨끗이 해주게 가위 가져와봐."

엄마도 준이에게 장난을 쳤어요. 준이는 엄마 말에 얼른 자기방으로 달려가 가위를 가져왔어요. 엄마와 아빠는 준이가 가져온 장난감 가위에 한 번 더 웃음이 터졌어요.

"준이야, 준이가 그걸로 아빠 코털 잘라 줄 거야?"

준이는 장난감 가위를 굳게 쥐며 대답했어요.

"네, 이걸로 아빠 숨 쉬게 해 줄 거예요."

엄마 아빠는 준이를 꼭 끌어안고 깔깔 웃으며 침대 위를 뒹굴었어요. 그들에게 준이는 정말 귀엽고 사랑스러운 선물이지요.

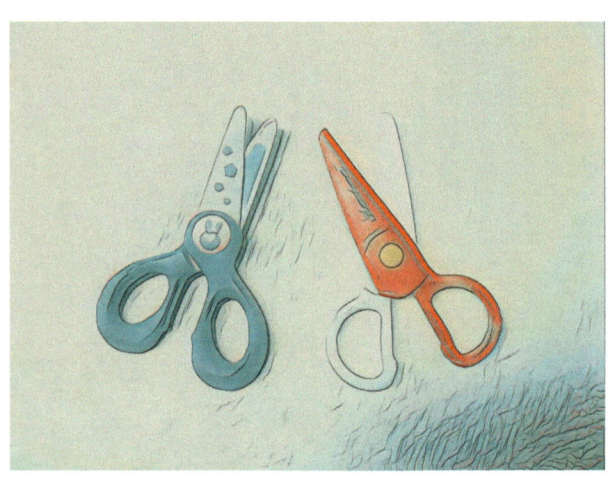

7장.

일상의
행복

내 머릿속의 동물원

동물 친구들이 서로 소개했어요.

"난 기린이야. 어제저녁에 설명서대로 만들어졌지. 색깔 예쁘지?"

그러자 악어가 얘기했어요.

"난 악어야. 만들어진 지 좀 됐어. 그래도 아직까지 살아있어. 나도 설명서대로 만들어졌지만 조금 틀린 부분은 있어. 잘 부탁해."

가만히 듣고 있던 코끼리가 자기 차례가 된 것 같아 나섰어요.

"안녕. 난 코끼리야. 주원이는 나를 제일 좋아해. 항상 나를 갖고 놀지. 그리고 나 역시 설명서대로 만들어졌어. 색깔은 조금 다르지만."

그들은 모두 블록으로 만들어졌어요. 주원이에 의해서요. 요즘 한창 블록 놀이에 빠져있는 주원이는 설명서를 보며 동물들을 하나씩 만들고 있어요. 그때 누군가 기어들어 가는 목소리로 말했어요.

"애들아 안녕. 난 도마뱀이야. 솔직히 난 설명서에 안 나와 있어. 나도 내가 어떻게 만들어졌는지 모르겠어."

동물들은 일제히 도마뱀을 쳐다보았어요. 블록 놀이의 설명서에 도마뱀은 없었거든요. 그들은 수군대기 시작했어요.

"쟤는 우리들 설명서에 없어. 족보도 없는 것과 같이 있으려니 좀 무섭다."

"맞아. 여기는 우리들 세상인데 누군지도 모르는 애와 같이 있으려니 기분 나빠."

그들은 꼭 도마뱀 들으라는 듯이 바로 옆에서 속삭였어요. 그들의 얘기를 들은 도마뱀은 주눅 들어서 고개를 푹 숙이고 울었어요.

'난 누굴까. 왜 만들어졌을까. 쟤들이 나를 부수면 어떡하지.'

이때 방문이 열리고 주원이가 들어왔어요. 동물들을 이리저리 둘러보던 준이는 도마뱀을 집어 들었어요. 그리고 거실로 나가 친구에게 자랑했어요.

"이거 내가 설명서 없이 혼자 만든 거다. 오로지 내

상상대로. 멋지지?"

친구는 주원이가 들고 있는 도마뱀을 봤어요.

"우와, 대단하다. 완전 네 스타일이네. 나도 만들어 보고 싶어."

도마뱀은 주원이의 말을 듣고 자신이 어떻게 만들어졌는지 알았어요. 그리고 자부심을 가졌죠.

'설명서는 없어도 되는 거였어. 난 주원이를 위해 존재하니깐.'

혼자 자는 것이 무서워요

 이제 8살이 된 준이는 엄마가 예쁘게 꾸며준 방에서 혼자 자기 시작했어요. 그런데 밤에 자다가 깨면 안방으로 가 엄마 아빠 침대로 올라가요. 그러면 잠에서 깬 엄마는 준이를 데리고 준이 침대로 가서 같이 누워요. 싱글 침대 위에 둘이 누우면 비좁지만 준이는 평안한 마음으로 잠이 들어요. 잠깐 누워있으려고 했던 엄마도 어느새 잠이 들고요.

 다음 날 아침, 구부리고 잔 엄마는 목과 어깨가 아프다고 하세요. 엄마는 생각했어요. 하루 이틀도 아니고 뭔가 대책이 필요하다고요.

 "자기야, 온몸이 다 아파. 며칠간 구부리고 자서 그런 것 같아."

 아빠는 엄마가 걱정스러운지 어깨를 주물러주며 얘기했어요.

"자기가 고생하네. 준이가 혼자 자기 시작한 지 벌써 일주일 됐네. 준이가 밤새 혼자 잘 수 있는 방법은 없을까."

엄마와 아빠는 같이 고민했어요. 어떻게 하면 준이가 밤에 깨도 무서워하지 않고 혼자 잘 수 있는지를요. 그때 엄마가 손뼉을 치며 얘기했어요.

"우리끼리만 생각할 게 아니라 준이한테 한번 물어볼까."

"맞아, 당사자한테 물어보는 것이 가장 빠르겠어. 준이도 이제 8살인데."

아직까지 아기처럼 생각되는 준이는 이제 할 말 다 하는 8살이었어요. 그날 저녁, 맛있는 음식을 먹으며 엄마는 준이에게 물어봤어요.

"준이야, 너는 혼자 자는 것이 무서워?"

"자려고 할 때는 괜찮아. 엄마가 옆에서 책 읽어주니깐. 그런데 새벽에 깼을 때 혼자 있으면 무서워."

"아, 그렇구나. 그런데 왜 무서울까?"

준이는 골똘히 생각했어요. 그냥 무서웠지 왜 무서운지는 생각을 안 해봤거든요. 그러다 뭔가 번뜩 떠올랐어요.

"깜깜한 방에 나 혼자 있어서 무서운 것 같아."

옆에서 듣고 있던 아빠는 이거다 싶었어요.

"준이가 깜깜해서 무서웠던 거였구나. 준이야, 아빠가 준이 침대 옆에 조그만 조명 사줄까? 그거 켜고 잘래?"

준이는 아빠의 말에 얼굴이 환해지며 고개를 끄덕였어요. 다음날 마트에 간 엄마와 준이는 예쁜 조명을 한 개 골랐어요. 준이가 좋아하는 만화 캐릭터 조명이었어요. 그날 밤부터 엄마는 편하게 잘 수 있었어요. 오랜만에 푹 자서 상쾌한 아침을 맞이한 엄마는 속으로 생각했어요.

'진작 물어볼걸.'

너는 어떤 집에서 살고 싶니?

 9살 재원이와 영이는 같은 동네에 살아요. 그래서 학교 갈 때도 같이 가고 집에 올 때도 같이 와요. 2년 동안 같이 학교 다니면서 둘은 많이 친해졌어요. 서로의 고민을 나눌 정도로요.

 어느 추운 겨울날, 학교 갔다 집에 오는 길에 재원이가 영이에게 물었어요.

 "영이야, 너는 어떤 집에서 살고 싶어?"

 영이는 재원이를 멀뚱멀뚱 쳐다보더니 씨익 웃으며 말했어요.

 "나는 예쁜 옷이 많이 있는 집에서 살고 싶어."

 3남매 중 둘째인 영이는 오빠와 남동생 사이에 있다 보니 예쁜 옷이 적어요. 친구들이 예쁜 옷을 입고 오면 영이는 많이 부러워요. 엄마에게 사달라고 졸라도 엄마는 오빠 옷을 물려주던가, 아니면 남동생도 입을 수 있게 중성적인 옷을 사줘요.

영이가 재원이에게 물었어요.

"너는 어떤 집에서 살고 싶은데?"

"나는 넓은 집에서 살고 싶어. 거실에서 축구도 하고 피구도 하고 싶어."

재원이네 집은 다섯 식구가 살기에는 조금 좁아요. 거실에서 놀이를 한다는 것은 생각도 못 해요. 얼마 전에 큰 집에 사는 친구 집에 놀러 갔던 재원이는 거실에서 뛰어놀던 것이 생각났어요. 그리고 주택이라 마음껏 뛰어도 누가 뭐라고 할 사람이 없었지요.

재원이와 영이는 서로 바라는 집에 대해 경쟁하듯 얘기하다 보니 친구들이 부러워졌어요. 자신들에게는 없는 것을 가진 친구들에 대해 질투도 생겼고요. 왠지 점점 자신들이 초라해지는 것 같기도 했어요.

그때 멀리서 재원이 엄마가 보여요. 그리고 옆에는 영이 엄마도 있어요. 엄마들이 외쳤어요.

"우리 귀염둥이들, 학교 재밌게 잘 갔다 왔니?"

재원이와 영이는 엄마들을 향해 경쟁하듯 기쁜 마음으로 달려갔어요. 엄마들은 아이들을 품에 꼭 끌어안았어요. 아이들은 언제 다른 집이 부러웠는지는 잊어버렸어요. 왜냐하면 아이들에게는 소중한 가족이 있으니깐요. 가족과 함께 사는 지금이 가장 행복해요.

사람들이 시끄러워요

 아파트 공터 한가운데 정자가 생겼어요. 그곳은 동네 사람들에게 인기 있는 장소가 되었지요. 낮에는 할머니들이, 방과 후에는 아이들이, 저녁에는 퇴근 후 지친 몸을 이끌고 온 아저씨들이 쉬었다 갔어요. 그런데 어린 정자는 불만이 하나 있었지요. 그건 바로 정작 자신이 쉴 시간은 없다는 거였어요.
 어느 날 옆에 있는 나무들이 말했어요.
 "정자야, 넌 좋겠다. 사람들이 너를 좋아해서."
 그러자 어린 정자는 나무들을 물끄러미 보며 대답했어요.
 "나도 너희들처럼 좀 쉬고 싶어. 사람들이 와서 맨날 떠들어대면 얼마나 시끄러운 줄 아니? 늦은 밤에도 고등학생들이 와서 짝사랑 얘기를 해. 또 새벽에는 술 먹은 아저씨들이 와서 술주정을 해대고."

정자의 투정에도 불구하고 나무들은 부러웠어요. 여름에나 매미 잡으러 아이들이 자기들한테 와주지 평상시에는 아무도 관심 가져주지 않기 때문이에요.

그러던 어느 날 겨울이 왔어요. 추운 날씨 때문에 사람들은 정자에 오지 않게 되었지요. 유치원 끝나고 온 아이들도 정자를 그냥 지나쳐 갔어요. 밤에나 아저씨들이 쓰레기 버리러 나왔다가 담배 한 대 피우고 얼른 들어갔지요. 정자는 그제야 사람들이 그리워졌어요. 그리고 나무들의 마음에 공감하기 시작했어요.

"나무들아, 미안해. 사람들이 안 오니 너무 외로워. 이제야 너희들 마음을 알겠어."

나무들은 어린 정자를 따스한 시선으로 바라봤어요.

"괜찮아. 그래도 넌 우리들이 있으니 너무 외로워하지는 마. 우리끼리 오손도손 지내면 되지."

나무들의 말에 어린 정자는 따뜻함을 느꼈어요. 추운 겨울에 느껴지는 따뜻함은 마음을 포근히 감싸주었어요. 이렇게 어린 정자는 좀 더 성숙해졌지요.

추운 겨울이 지나고 봄이 오니 또다시 아이들이 정자에 와서 뛰어놀았어요. 할머니들도 옷을 따뜻하게 입고 나와서 이야기꽃을 피웠고요. 그날 밤 어린 정자는 나무들에게 얘기했어요.

"얘들아, 오늘은 사람들이 와서 어떤 이야기를 했냐면…"

어린 정자는 이제 저녁마다 사람들이 들려준 재미난 비밀 이야기를 해주었어요. 나무들은 어린 정자가 들려주는 이야기를 듣고 재밌어했고요.

"정자야, 고마워. 사람들 정말 웃기게 사는 것 같아. 들려줘서 고마워."

어린 정자도 나무들이 기뻐하니 마음이 좋았어요. 그날 밤도 어린 정자와 나무들은 왁자지껄 유쾌한 시간을 보냈답니다.

엄마의 거짓말

승희는 예쁜 꽃을 좋아해요. 유치원 가다가도 꽃을 보면 걸음을 멈춰 서요.

"엄마, 잠깐만. 저기 분홍색 꽃이 있네."

승희는 길가에 피어있는 꽃을 보며 환하게 웃었어요. 엄마는 빨리 유치원 데려다주고 회사 가야 하는데 마음이 조급해졌어요.

"승희야, 꽃이 진짜 예쁘네. 이제 꽃 다 봤으면 인사하고 갈까?"

엄마의 마음을 알 리 없는 승희는 웃으며 말했어요.

"엄마, 꽃이 더 놀다 가래. 심심하대."

엄마는 그 말에 마음이 콩닥콩닥 분주해졌어요. 지난번에도 이렇게 구경한다고 오랫동안 있었거든요. 그때는 여유가 있었지만 오늘은 오전에 중요한 미팅이 있어요. 그렇다고 막무가내로 가자고 하기에는 어린 승희한테 미안한 마음이 들고요. 저렇게 꽃을 보며 좋아하는데. 그래서 잠시 생각을 하다가 좋은 아이디어가 떠올랐어요.

"승희야, 그거 알아? 지금이 저 꽃에게는 매우 중요한 순간이야."

승희는 궁금한 듯 엄마를 빤히 쳐다봤어요.

"저 꽃은 지금 프러포즈를 받고 있어. 너도 알지? 결혼하자고 청혼하는 거. 옆에 있는 꽃들이 지금 저 꽃만 쳐다보고 있는 거 보이지?"

승희가 가만히 보니 분홍색 꽃 주변에 보라색 꽃들이 피어있어요. 진짜로 보라색 꽃들이 예쁜 분홍색 꽃을 쳐다보며 프러포즈하고 있는 것 같아요. 엄마가 한마디 더 보탰어요.

"지금 분홍색 꽃에게는 중요한 순간이니깐 우리가 잠시 자리를 비켜줄까? 그리고 이따 유치원 끝나고 한번 봐보자. 어떤 꽃이랑 결혼했나."

그 말에 승희는 방긋 웃으며 고개를 끄덕였어요. 조용히 일어나 사뿐사뿐 엄마에게 다가와 손을 잡은 승희는 유치원으로 향했어요. 엄마는 안도의 한숨을 내쉬었어요. 아직 이런 말이 통한다는 것을 다행으로 여기면서요.

유치원에 온 승희는 선생님에게 인사하며 의기양양하게 외쳤어요.

"선생님, 그거 알아요? 꽃들도 결혼하는 거?"

승희의 말에 엄마는 뜨끔 했어요. 선생님에게 얘기할 줄은 몰랐거든요.

'저녁에 한마디 하겠네. 엄마 또 거짓말했다고.'

초콜릿 붕어빵

 송이는 붕어빵을 좋아해요. 아빠가 퇴근길에 사 오는 붕어빵을 송이는 하루 종일 기다리고 있지요.
 '띵동' 소리가 울리자 송이는 현관문으로 달려가 아빠를 맞이했어요. 그리고 아빠 손을 바라봤지요. 붕어빵이 담긴 하얀 봉투가 있나 없나 확인한 거예요.
 아빠는 어김없이 사 온 따끈한 붕어빵을 송이 품에 안겨줬어요.
 "송이야, 아빠가 붕어빵 안 사 오는 날이면 어떡하냐. 아빠 본체만체하겠는데."
 그러자 송이는 입안에 붕어빵을 가득 베어 물은 채 말했어요.
 "내가 설마 아빠보다 붕어빵을 더 좋아하겠어? 아빠가 훨씬 좋지."
 그러던 어느 날, 유치원에서 돌아온 송이가 친구와

싸웠는지 씨무룩해 보여요. 엄마가 물어보니 아니나 다를까 친구가 블록 장난감을 혼자 다 차지해서 못 가지고 놀았대요. 꼭 만들고 싶은 게 있었는데 못 만들어서 속상한 송이에요. 엄마는 집에서 같이 블록 만들자며 송이를 달래줬어요.

그날 저녁, 변함없이 아빠는 붕어빵을 사 오셨어요. 좋아하는 TV 만화를 보고 있던 송이는 아빠가 사 온 붕어빵을 한입 깨물었어요. 씨무룩한 표정으로요. 그런데 그 안에 팥이 없는 거예요. 팥 대신 부드럽고 달콤한 맛이 입안을 감돌았어요. 송이는 깜짝 놀라 붕어빵 안을 살펴봤어요. 안에는 팥 대신 초콜릿이 가득 차 있었지요.

송이는 샤워하고 나오는 아빠에게 달려가 물었어요.

"아빠, 붕어빵 안에 팥 대신 초콜릿이 가득해. 어떻게 된 거야?"

아빠는 송이를 보고 웃으며 얘기했어요.

"너 초콜릿 좋아하잖아. 그래서 오늘은 특별히 붕어빵 사장님에게 부탁했지. 아빠가 준비해 간 초콜릿을 넣어달라고. 어때? 맛있어?"

순간 송이의 얼굴에 함박웃음이 피어났어요. 자기

를 위해 저렇게까지 신경 써주시는 아빠의 사랑을 느낄 수 있었거든요. 송이는 아빠에게 안겼어요.

"아빠, 너무 맛있어. 사랑해."

아빠는 송이가 기뻐해 주니 기분이 정말 좋았어요. 사실 아빠는 알고 있었어요. 송이가 오늘 기분이 안 좋다는 것을요. 집에 오는 길에 송이 엄마와 통화를 했거든요. 아빠는 송이 기분을 풀어주기 위해 특별한 이벤트를 생각하다가 송이가 좋아하는 붕어빵과 초콜릿을 떠올린 거였어요.

그날 밤, 송이네 가족은 맛있는 초콜릿 붕어빵을 먹으며 블록 놀이를 했어요. 집안에 웃음꽃을 가득 피운 채로요.

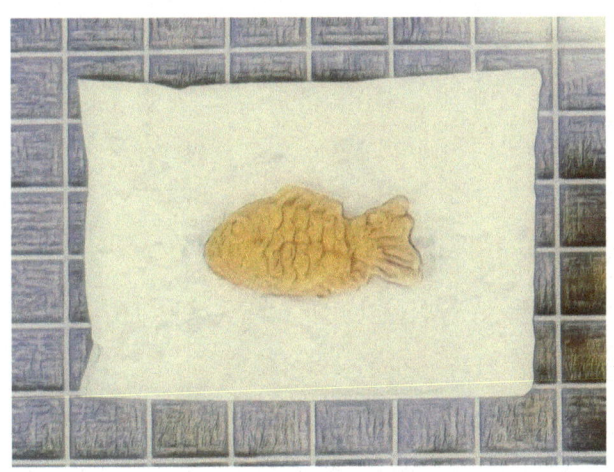

아빠 배는 내 배

4살 선이는 아빠와 노는 것을 좋아해요. 항상 껌딱지처럼 아빠 옆에 붙어있어요. 주말 아침, 눈을 뜨자마자 선이는 아빠를 찾았어요. 아직 침대에서 자고 있네요.

"아빠, 일어나. 나랑 놀자."

아빠는 못 들었는지 아무 미동도 안 해요. 그러자 선이가 아빠를 쎄게 흔들었어요.

"아빠, 놀아줘. 빨리 일어나."

그래도 아빠는 아직 잠이 안 깼는지 옆으로 몸을 뒤척였어요. 이런 아빠를 본 선이는 아빠 위에 올라탔어요.

"아빠, 주말에 놀아주기로 했잖아."

평일 아침에 선이가 눈을 뜰 때면 아빠는 출근하고 없어요. 그래서 주말을 손꼽아 기다렸던 선이에요. 그런데 아빠는 아침 일찍부터 놀아주기에는 많이 힘들어 보여요.

선이가 아빠를 흔들며 칭얼대자 옆에서 자고 있던 엄마가 한마디 해요.

"선이야, 아빠도 피곤해. 조금 이따 놀면 안 될까?"

그러자 선이가 울먹이며 큰 소리로 얘기해요.

"나는 빨리 아빠랑 놀고 싶단 말이야."

그제야 아빠는 위에 올라탄 선이를 꼭 껴안고 졸린 목소리로 중얼거렸어요.

"우리 선이 잘 잤어? 뭐 하고 싶은데?"

"비행기 태워줘."

선이의 말에 아빠는 기운 없는 표정으로 웃었어요.

"아침부터 비행기는 아빠 힘들어. 다른 거 없어?"

요즘 부쩍 무거워진 선이를 발로 들 걸 생각하니 벌써부터 몸이 떨려오는 아빠예요. 그것도 막 일어나자마자.

잠시 생각하던 선이는 어제 봤던 만화가 떠올랐어요. 주인공 생쥐가 뗏목을 타고 가는 장면이요. 갑자기 아빠 배 위로 일어선 선이가 힘차게 외쳤어요.

"아빠, 배 태워줘. 나는 노를 저을게."

아빠 배 위에 서서 아빠 팔을 잡고 노를 젓는 선이

를 보며 아빠는 생각했어요.

"차라리 비행기를 태울걸."

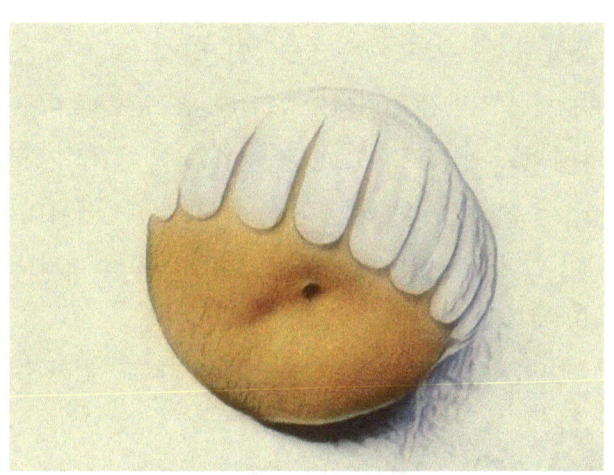

더 좋은 선물

6살 준이는 갖고 싶은 장난감이 있어요. 그건 요즘 유행하는 장난감 칼이에요. 그런데 부모님한테 아무리 졸라도 안 사주세요. 이유는 부모님이 생각하기에 가지고 놀기에는 위험하다고 판단하셨기 때문이에요.

이런 마음을 아는지 모르는지 준이는 그날 저녁도 엄마에게 투정을 부렸어요.

"엄마, 나도 저거 사줘. 친구들은 다 가지고 있단 말이야."

부엌에서 저녁 식사 준비를 하고 있던 엄마는 준이를 쳐다보며 말했어요.

"준이야, 저건 엄마가 생각하기에는 별로인 것 같아. 차라리 이따 아빠 오시면 같이 마트에 갈까? 거기서 준이가 원하는 것 사줄게."

준이네 집 근처에는 밤늦게까지 하는 대형마트가

있어요. 이 말을 들은 준이는 신나서 방방 뛰었어요. 잠시 후 현관문 쪽에서 삑삑삑 전자음 소리가 들렸어요. 준이는 현관으로 달려가 아빠 품에 꼭 안겼지요.

"아빠, 빨리 밥 먹고 마트에 가자. 엄마가 장난감 사 준대."

"우와, 우리 준이 좋겠네. 엄마가 장난감도 사주고."

아빠도 준이가 원하는 장난감을 알고 있어요. 가격도 크게 비싸지 않았지요. 하지만 아이들이 가지고 놀기에는 위험했어요. 엄마와 아빠는 서로를 쳐다보며 고개를 끄덕였지요. 부부끼리 통하는 게 있나 봐요.

준이네 가족은 저녁 식사 후 함께 대형마트로 갔어요. 장난감 코너에는 온갖 장난감으로 가득했지요. 진열장에는 준이가 사달라고 떼쓰던 장난감보다 훨씬 좋고 멋진 것들로 넘쳐났어요. 그때 엄마가 장난감 한 개를 앞으로 쓱 내밀었어요. 인터넷에서 찾아봤던 거예요.

"준이야, 이거 어때?"

준이는 살펴보더니 입을 활짝 벌리며 함박웃음을 지었어요.

"우와, 이거 정말 멋지다. 이제 장난감 칼은 필요 없어."

엄마는 그런 준이를 바라보며 환하게 웃었지요. 이 세상에서 준이가 무엇을 좋아하는지, 무엇을 원하는지 제일 잘 알고 있어요. 준이의 마음 또한 잘 이해하고 있죠.

 그때 준이가 엄마에게 귓속말로 조용히 속삭였어요.
 "엄마, 하나 더 사도 돼?"

8장.

함께라서
기쁨이

나랑 놀아줘

준우는 오늘도 엄마 다리에 매달려요. 놀아달라고, 자기 좀 봐달라고요. 설거지하며 엄마는 한숨을 쉬어요.
"준우야, 엄마 설거지 다 하고 놀아줄게."
그래도 준우는 막무가내예요. 본인이 심심한 게 더 먼저예요. 엄마가, 피곤해하던 별 상관 안 해요.
"여보, 준우하고 좀 놀아줘."
거실에서 TV 보던 남편이 얄미워져요. 만만한 게 남편인가 봐요. 그리고 준우는 왜 자기한테만 와서 놀아달라고 하는지 모르겠어요.
언제까지 준우가 엄마 껌딱지가 되어있을지 궁금하면서도 약간 피곤해져요. 엄마도 엄마만의 시간이 필요하거든요. 그때 언니가 했던 말이 떠올라요.
"크면 친구들과 논다고 옆에 오지도 않아. 놀아달라고 할 때 많이 놀아줘. 잠깐이야."

하지만 엄마는 그 잠깐이라는 시간이 길게 느껴져요. 도대체 자기에게는 그때가 언제 올지 모르겠어요. 매달려있는 준우를 보니 내게도 그런 시간이 올지 상상이 안 돼요.

그때 거실에 있던 아빠가 다가와서 준우를 번쩍 안아 들었어요.

"준우야, 엄마 바쁘니 아빠하고 놀자."

준우를 목마 태우고 거실로 가는 남편을 보자 마음이 조금 편안해지는 엄마예요.

'진작 좀 오지. 이제라도 와줘서 고맙네.'

아까 생겼던 얄미운 감정은 어느새 사라지고 없어요. 목마 타고 즐거워하는 준우를 보니 정말 사랑스러워요. 저 아이가 커서 어른이 된다는 게 상상이 안 돼요.

마음 같아서는 빨리 커서 독립했으면 좋겠지만 한편으로는 아쉬울 것 같아요. 아까 언니가 했던 말이 다시 떠올라요.

"옆에 올 때 잘 놀아줘."

맞아요. 지금은 조금 피곤할지 모르지만 막상 옆에 없으면 외롭고 슬플 거 같아요.

"준우야, 커서도 엄마랑 놀아줄 거지?"

아빠가 무슨 뚱딴지같은 소리 하냐는 듯한 표정으로 쳐다봐요. 그때 준우가 외쳐요.
"엄마 하는 거 봐서."

알까기의 세계

지선이는 요즘 재미난 놀이에 빠졌어요. 바로 알까기예요. 아빠와 바둑판을 사이에 두고 팽팽한 신경전을 펼쳐요.

"아빠, 이번에는 안 봐줄 거야."

아직 아빠를 한 번도 이겨본 적이 없는 지선이는 어떻게든지 이겨보려고 노력을 해요. 아빠도 만만치 않아요. 6살 아이한테 한번 져줄 법도 한데 기를 쓰고 이기려고 해요. 옆에서 엄마가 한마디 해요.

"그렇게 애한테 이기면 좋냐?"

그 말에 지선이는 또 한 번 투지를 불태워요.

"일부러 져주는 거 없기. 아빠, 최선을 다해."

아빠는 이런 상황이 재밌어요. 지선이가 눈에 불을 켜며 알까기에 집중하는 모습이 귀여워요.

이번에도 한 알 차이로 아빠가 이겼어요. 지선이는

이길 뻔했는데 져서 너무 아쉬워요. 이제는 눈물이 나려고 해요. 엄마의 표정이 점점 굳어져요. 아빠 뒤로 가서 발로 엉덩이를 툭 쳐요. 아빠와 눈이 마주치자 무언가를 보내요. 부부간의 텔레파시인가 봐요.

'한번 져줘.'

텔레파시가 통했는지 이번에는 지선이가 이겼어요. 지선이는 너무 기뻐서 두 손을 번쩍 들어 올렸어요. 엄마도 표정이 부드러워졌어요. 아빠 역시 딸의 기뻐하는 모습에 흐뭇해해요. 알까기가 뭐라고 온 가족의 기분을 좌지우지해요.

그때 지선이가 아빠를 향해 외쳤어요.

"한 판 더 해."

기분 좋을 때 그만해야 되는데 아빠는 어떻게 해야 될지 모르겠어요. 머뭇거리는 아빠에게 지선이가 한 마디 더 해요.

"아빠, 이제 자신 있어. 한 판만 더 하자"

엄마는 아빠에게 또 눈짓을 해요. 아마 한번 더 져주라는 뜻인 거 같아요. 아빠는 지선이를 향해 씩 웃으며 말했어요.

"만약에 아빠가 이기면 뭐 해줄 거야?"

꼭 엄마에게 묻는 것 같아요. 져주면 뭐 해줄 거냐고. 어제 용돈 올려달라고 한 게 떠오르는 엄마예요.

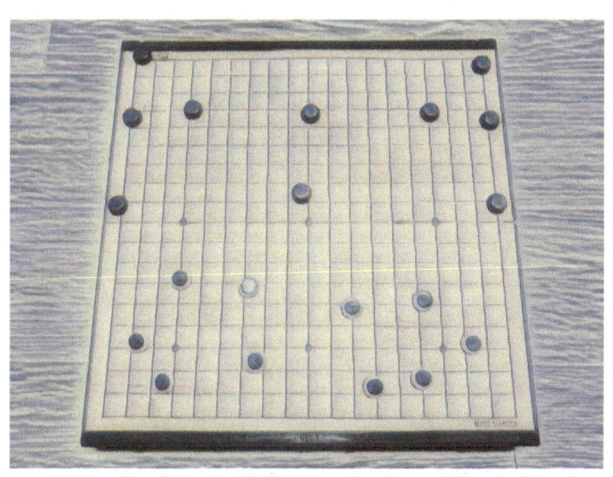

신나게 달려요

아파트 앞 자전거 보관대에 자전거들이 놓여 있어요. 두발자전거에서 보조 바퀴가 달린 네발자전거까지 다양해요. 그리고 체인에 녹이 슬어서 과연 굴러갈까 의심스러운 할아버지 자전거도 있어요.

어느 날 핑크색의 예쁜 자전거가 새로 왔어요. 귀여운 꼬마 여자 아이는 그 자전거를 '따릉이'라고 불렀죠.

"따릉아, 잘 있어. 내일 보자."

여자애는 따릉이에게 인사하고 엄마와 집으로 들어갔어요. 따릉이는 조금 무서워졌어요. 아까까지 여자애와 신나게 놀았는데 이제 처음 보는 자전거들과 같이 있으려니 쑥스럽고 떨려요. 그때 옆에서 누가 말을 걸어요.

"안녕, 나는 씽씽이야. 넌 이름이 따릉이구나."

따릉이가 옆을 쳐다보니 자기와 비슷하게 생긴 자

전거예요. 다른 점은 색깔이에요. 민트색이네요. 그리고 얼핏 보니 바퀴가 두 개예요.

"맞아, 난 따릉이야. 저 아이가 오늘 이름 붙여줬어. 그런데 너는 바퀴가 두 개네."

"나도 원래는 네 개 있었는데 얼마 전에 보조 바퀴 떼었어. 그랬더니 씽씽 달릴 수 있어서 좋아."

생각해 보니 여자애와는 완전 천천히 달렸어요. 솔직히 달리기는커녕 옆에서 그 애 부모가 밀어줬었죠. 이제 처음 자전거를 타는 꼬마에게는 그것만으로도 행복했나 봐요.

따릉이는 궁금했어요. 씽씽 달리면 어떤 느낌일지. 나도 저렇게 달릴 수는 있는 건지. 공원에서 쌩쌩 달리던 어른 자전거들이 머릿속에 스쳐 지나가요.

"씽씽아. 나도 빠르게 달릴 수 있을까?"

"당연하지. 너도 나처럼 보조 바퀴를 떼면 신나게 달릴 수 있어. 저 꼬마애가 좀 더 커야 하겠지만."

따릉이는 자신의 보조 바퀴를 쳐다봤어요. 아까는 멋지다고 생각했던 바퀴가 왠지 자신을 어린애처럼 보이게 만드는 것 같아 속상해요. 저걸 떼어야 어른이 될 것처럼. 그때 씽씽이가 한마디 더 해요.

"그래도 처음 자전거를 배울 때는 보조 바퀴가 있어야 돼. 그래야 꼬마가 안전하게 탈 수 있어. 처음부터 보조 바퀴 없이 타는 애들은 별로 없거든."

따릉이는 씽씽이의 말에 고개를 끄덕여요. 잠깐이지만 보조 바퀴가 없었으면 좋겠다고 생각한 자신이 부끄러워요. 성장에는 단계가 있다는 것을 다시 한번 깨닫는 따릉이예요.

어디세요?

5살 세영이는 밤마다 자기 전 아빠에게 얘기해요.
"아빠, 내일 빨리 올 거지? 올 때 전화해."
항상 재밌게 놀아주는 아빠가 마냥 좋은 세영이에요. 다음날 아빠는 퇴근하고 집에 가는 길에 엄마에게 전화를 걸어요. 예전부터 습관적으로 퇴근할 때 엄마에게 전화했는데 지금은 세영이가 받아요.
"어디세요?"
세영이 목소리예요. 어디까지 왔는지 묻는 것 같기도 하고, 아니면 장난으로 하는 건지도 모르겠어요.
"세영아, 보통 누구세요 하고 묻는 거 아냐?"
더듬더듬 세영이가 대답해요.
"방금 엄마가 아빠라고 얘기해 줬어. 어디야? 오고 있어?"
아빠는 세영이와 통화하며 집에 오는 길이 즐거워요.

대화가 잘 통하는 것 같으면서도 아닌 것 같지만요. 아직 유창하게 대화하기에는 어린 5살 세영이에요.

아빠는 아파트 앞 편의점에 들러 세영이가 좋아하는 아이스크림을 샀어요. 한 손에 아이스크림을 들고 의기양양하게 초인종을 눌러요. 아빠하고 달려올 세영이를 생각하면서요.

아니나 다를까, 세영이가 달려와서 아빠를 꼭 껴안아요. 그리고 아이스크림이 든 검은 봉지를 흔들며 엄마한테 외쳐요.

"엄마, 아빠가 아이스크림 사 왔어."

아빠는 흐뭇하게 와이프를 바라봐요 남들이 말하는 작지만 소소한 행복. 하지만 이것은 당연한 것이 아니라는 것을 알아요. 지키기 위해서는 많은 노력이 필요하다는 것도요.

아빠는 떠올려요. 아빠한테도 세영이 같이 어린 시절이 있었으니깐요. 그때는 아빠의 아빠가 아이스크림을 손에 사 들고 오셨어요. 아빠에게 달려가던 기억. 가족들이 아이스크림 하나씩 입에 물고 행복했던 기억. 이제 그 기억을 세영이가 커서 떠올려주면 좋겠어요.

"세영아, 커서 너도 애들에게 아이스크림 사줘야 돼."

이 말에 세영이는 입에 아이스크림을 잔뜩 묻힌 채 대답해요.

"엉, 나는 더 크고 맛있는 아이스크림 사줄 거야. 배스킨라빈스로."

아빠는 웃음이 터졌어요. 이렇게 들렸거든요. 내일은 배스킨라빈스 사 오라고.

내 방이 갖고 싶어요

7살 채영이는 자기 방을 갖고 싶어 해요. 그 방에 예쁜 침대와 책상도요. 유치원 친구들도 다들 자기 방이 있대요.

"엄마, 나도 내 방이 갖고 싶어."

엄마도 생각하고 있어요. 이제 내년이면 초등학교 갈 나이니 자기 방이 필요하다는 것을요. 오빠처럼 자기 방이 갖고 싶은 채영이의 마음이 이해가 돼요. 하지만 조그만 방에 과연 침대와 책상이 들어갈 수 있을지 고민이 돼요.

그날 밤 남편과 함께 줄자를 가지고 조그만 방을 이리저리 재어봤어요. 원래 그 방은 남편이 밤에 영화 보던 방인데 어쩔 수 없죠. 이제 채영이에게 내줘야 할 때가 왔어요.

"이렇게 방에서 쫓겨나는군. 난 이제 영화 어디서 봐?"

남편의 말이 귀에 안 들어오는 엄마예요. 영화야 거실에서 보든 알아서 하면 될 것 같아서요. 문제는 이 방에 침대와 책상이 들어갈 수 있느냐예요.

한참을 줄자와 씨름하다 드디어 해결의 실마리를 보았어요. 그때부터는 핸드폰으로 폭풍 검색이에요. 원하는 사이즈의 가구가 있는지 찾아야 되거든요. 그래도 아무거나 사주기는 싫어요. 채영이가 마음에 들어 하는 걸로 찾아야 해요. 남편은 아무 도움도 안 돼요. 옆에서 코를 골며 자고 있어요.

다음날 엄마는 남편에게 카톡으로 링크를 보냈어요. 자신이 고른 침대와 책상을요. 남편은 봐도 잘 모르겠대요. 항상 이런 식이에요. 대신 이 가구를 넣기 위해서는 사전에 방에 있던 남편 책상과 책장을 다 밖으로 옮겨야 돼요. 부부가 힘을 합쳐야 될 시간이에요.

애들 재워놓고 둘이서 낑낑대며 가구를 옮겨요. 아빠는 힘들다며 투덜대지만 엄마가 밀어붙여요.

"이제는 당신이 나보다 힘이 더 센 거 같아."

남편의 말에 왠지 화가 나요. 힘든 건 엄마도 마찬가지거든요. 그래도 사랑하는 채영이를 위해 힘을 내 봐요.

드디어 침대와 책상이 들어오는 날이에요. 테트리스 게임 하듯이 방에 딱 맞게 들어갔어요. 방문이 다 열리지는 않지만요.

채영이는 자기 방이 생겨 정말 기뻐해요. 엄마 최고를 외치며 침대 위를 뒹굴고 있어요. 그때 남편이 옆에서 한마디 해요.

"채영이가 이제 방에서 안 나오면 어떡하지. 자기 방이 좋다고."

정말 요즘 따라 밉상인 남편이네요.

수영장의 기억

　무더운 여름날, 재원이네 가정은 수영장에 갔어요. 튜브도 타고, 미끄럼틀도 타고 신나는 하루였어요. 아직 수영은 못 하지만 물을 좋아하는 재영이에요.
　"아빠, 내일 또 오자."
　엄마와 아빠는 서로 마주 보며 웃어요. 오늘도 큰마음 먹고 온 거거든요. 주말이라 사람도 엄청 많고, 수영장에서 재원이 잃어버릴까봐 노심초사했던 게 생각나요. 기분 좋게 집에 가기 위해 엄마가 둘러대요.
　"재원아, 우리 다음에는 더 좋은데 가자."
　이 말에 신나 하는 재원이에요. 엄마는 생각했어요. 재원이가 금방 잊어버릴 거라고요. 아직 6살이거든요.
　다음날 유치원에 갈 시간이에요.
　"엄마, 오늘은 어디 갈 거야?"
　엄마는 기억을 못 해요. 애가 무슨 소리를 하는 거지.

"오늘은 유치원 가야지. 빨리 준비해."

"엄마가 오늘 더 좋은 데 가자고 했잖아."

그제야 어제 한 말이 떠오르는 엄마예요. 그걸 기억하고 있었다니. 그냥 그 순간을 모면하기 위해 한 말인데.

"재원아, 오늘은 유치원 가야해. 우리 다음에 더 좋은 곳에 가자."

재원이의 표정이 굳어져요. 그리고 울기 시작했어요.

"엄마는 거짓말쟁이, 오늘 더 좋은 곳에 간다고 했으면서."

엄마는 이 상황이 당황스러워요. 그리고 어떻게 해야 될지도 모르겠어요. 예전에는 없었던 일이거든요.

"엄마가 실수했네. 우리 유치원 끝나고 공원 물놀이장 갈까?"

재원이는 그제야 눈물을 그쳐요. 일단은 오후에 수영할 수 있으니깐요.

"엄마, 약속. 이따 꼭 가기야. 그리고 다음에 더 좋은 수영장 가야해."

엄마는 재원이를 꼭 안아주며 생각했어요. 이제 어리다고 말 함부로 하면 안 된다는 것을요. 그리고 한

번 한 말은 꼭 지켜야 한다는 것도요. 재원이가 언제 이렇게 컸나 싶어요.

혼자서도 잘해요

 이제 초등학생 1학년인 연준이는 하루에도 수십 번 엄마를 불러요. 이거 해줘, 저거 해줘 끝이 없지요. 엄마는 너무 피곤하지만 그래도 해줄 수 있는 것은 들어줘요.
 주말 아침, 연준이는 오늘도 엄마를 불러요.
 "엄마, 우유 줘."
 식탁에서 핫도그를 먹고 있던 연준이는 우유를 찾았어요. 그런데 엄마는 거실에 있고 냉장고는 식탁 옆에 있어요. 엄마는 문득 이건 아니라는 생각이 들었죠.
 "연준아, 네가 직접 꺼내 마셔."
 연준이가 어리둥절해요. 엄마가 항상 해줬기 때문이에요. 그런데 우유를 안 주니 이상해요.
 "엄마, 나 지금 목말라. 빨리 줘."
 "네 바로 옆에 냉장고 있잖아. 엄마는 이것 좀 해야 돼."

결국 연준이는 냉장고에서 우유를 꺼내 마셨어요. 그런데 컵에 우유를 따르다가 흘렸어요.

"엄마, 내가 하니깐 우유 흘렸잖아. 엄마가 닦아줘."

이번에는 엄마가 굳은 결심을 했나 봐요.

"옆에 행주 있지? 그걸로 닦아."

연준이는 대충 행주로 닦고 우유를 마셨어요. 엄마가 오늘 왜 저러지 생각하면서요. 평소와는 달랐거든요. 혹시 엄마가 화가 났나 생각이 들었어요.

핫도그를 다 먹고 TV 보는 연준이 옆에 엄마가 앉았어요. 연준이를 꼭 끌어안으며 엄마가 말했어요.

"연준이도 이제 1학년이네. 엄마가 언제까지 다 해 줄 수는 없어. 혼자 할 수 있는 것은 직접 해야 돼. 그래야 어른이 되지."

연준이는 알았다는 듯이 고개를 끄덕였어요. 그리고 아까 엄마가 왜 우유를 직접 꺼내 마시라고 했는지 이해가 돼요.

"엄마, 그러면 앞으로 TV도 내가 보고 싶을 때 직접 켤게. 엄마 허락 안 받고."

순간 황당해하는 엄마예요. 연준이가 제대로 이해한 게 맞나 싶어요.

장바구니 들던 날

 마트에서 장을 보고 오는 길에 준우가 엄마 손에 있던 장바구니를 잡아요.
 "엄마, 이거 내가 들게."
 무거운 장바구니를 든다는 말에 엄마는 깜짝 놀라요.
 "이거 준우한테는 무거워. 차라리 이 봉지를 들어주렴."
 엄마는 왼손에 든 작은 봉지를 내밀어요. 그래도 준우는 오른손에 들린 장바구니를 들어준다고 해요. 엄마는 머릿속으로 깨질 거는 없는지 생각해 봐요. 다행히 장바구니에 깨질 물건은 없어요.
 준우는 장바구니를 번쩍 들고 앞으로 걸어가요. 무겁지만 두 손으로 낑낑대며 걷는 모습이 귀여우면서도 늠름해요.
 "우리 준우 다 컸네. 이제 장바구니도 들어주고."
 엄마의 말에 준우는 더 신이 나서 장바구니를 높이

들어 올려요.

'언제 저렇게 컸을까. 아직 아기 같은데.'

그날 밤 준우가 아빠에게 자랑을 해요.

"아빠, 내가 엄마 장바구니 들어줬어. 잘했지?"

"우와, 우리 준우 장하네. 어디 아빠랑 팔씨름 한번 해볼까?"

아빠는 준우와 팔씨름을 하며 몸놀이를 해요. 준우가 요즘 가장 좋아하는 놀이예요. 부자지간에 노는 모습을 보며 엄마는 생각해요.

'우리 준우 건강하게만 자라주렴. 그거면 돼."

솔직히 준우는 아기 때 심장 수술을 했어요. 태어날 때부터 심장에 작은 구멍이 있었거든요. 자라면서 저절로 막히는 경우가 있지만 준우는 결국 수술했어요. 그때가 정말 기도를 절실히 했던 때예요.

'하나님, 우리 준우 지켜주세요. 건강하게만 해주세요.'

엄마의 기도 덕분인지 준우는 지금 건강히 자라고 있어요. 얼마나 감사한지 몰라요.

"엄마, 내가 아빠 팔씨름을 이겼어."

옆에서 놀던 준우가 엄마에게 달려와 기쁜 목소리로 외쳐요. 당연히 아빠가 져줬겠죠. 아빠도 준우의 기뻐하는 모습에 행복해 보여요. 앞으로도 저렇게 건강히 자라주기를 소망하는 준우네 가정이에요. 공부도 잘하면 좋겠지만요.

동화를 마시며

퇴근하고 돌아오면 나를 꼭 끌어안아 주는 아이가 있어서 감사해요.
하루에 한 끼, 저녁을 같이 먹을 수 있는 아이가 있어서 감사해요.
주말 아침에 자전거 타자고 조르는 아이가 있어서 감사해요.

사춘기 아이와 힘들고 어려운 일만 있는 것이 아니라 감사한 일들도 많아요. 감사의 기준이 사람마다 다를 뿐이죠. 기준을 낮추면, 보는 관점을 바꾸면 감사한 일이에요.

학교 갔다 오면 방문 닫고 들어가는 아이가 감사해요.
오늘 하루도 건강하게 학교 다녀와 줘서요.

밥 먹을 때 말 한마디 없는 아이가 감사해요.
같이 먹을 수 있다는 것이 어딘가요.

10번 불러야 쳐다보는 아이가 감사해요.
소통할 수 있어서요.

점점 자라가는 아이를 바라보며 앞으로 어떻게 변해갈지 모르겠어요. 어쩔 때는 힘들기도 하고 당황스럽기도 하지만 한 가지만은 확실해요. 이렇게 한 가족이 모여 오순도순 살아가는 것이 감사라는 것을요.
오늘 밤도 하나님께 감사하며 자고 있는 아이를 바라봐요. 아기 때와 변함없이 순진무구한 얼굴을요.

감사가 뭉클뭉클

초판 1쇄 발행 2024년 10월 21일
초판 1쇄 인쇄 2024년 10월 21일

지은이　　박세환

디자인　　포레스트 웨일
펴낸이　　포레스트 웨일
펴낸곳　　포레스트 웨일
출판등록　제2021-000014 호
주소　　　충남 아산시 아산로 103-17
전자우편　forestwhalepublish@naver.com

종이책　　979-11-93963-50-0

ⓒ 포레스트 웨일 | 2024
· 이 책은 저작권법에 의하여 보호받는 저작물이므로 무단 전재와 복제를 금합니다.
· 이 책 내용의 전부 또는 일부를 이용하려면 사전에 저작권자와 포레스트 웨일의 서면 동의를 얻어야 합니다.